고요한 생활

Att vara stilla när allt skyndar by Magnus Fridh
© Magnus Fridh, 2019
English translation © Ian Giles
First published by Bonnier Fakta, Stockholm, Sweden
Korean Translation © 2025 by Bookflat
All rights reserved.
The Korean language edition published by arrangement with
Bonnier Rights, Stockholm through MOMO Agency, Seoul.
이 책의 한국어판 저작권은 모모 에이전시를 통해
Bonnier Rights, Stockholm 와의 독점 계약으로 북플랫에 있습니다.
저작권법에 의해 한국 내에서 보호를 받는 저작물이므로
무단전재와 무단복제를 금합니다.

고요한 생활

초판 1쇄 발행 2025년 10월 30일

지은이 마그누스 프리드
옮긴이 김하린
펴낸이 박경순
디자인 강경신

종이 월드페이퍼
제작 한영문화사
물류 우진물류

펴낸곳 북플랫
출판등록 제2023-000231호(2023년 9월 12일)
주소 서울시 마포구 토정로 222 306호
이메일 bookflat23@gmail.com

ISBN 979-11-94080-11-4   03190

- 책값은 뒤표지에 있습니다.
- 파본은 구입하신 서점에서 교환해드립니다.

숨 쉴 틈을 만들어주는

고요한

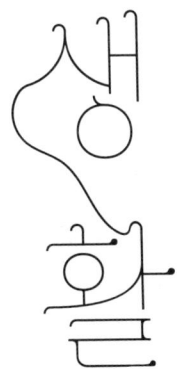
생활

마그누스 프리드 지음
김하린 옮김

북트리거

서문

우리가 살아가는 이 시대에는 침묵하며 아무것도 하지 않는 것이 가장 현명한 선택인 순간도 있습니다. 몸과 마음 모두 정말 고요하게 가만히 있는 것이지요. 고요는 과거 어느 시대보다 오늘날 더욱 절실할지 모르지만, 그렇다고 해서 새로운 개념은 전혀 아닙니다. 일찍이 17세기에 프랑스의 수학자이자 철학자인 블레즈 파스칼Blaise Pascal의 생각을 모아 엮은 책《팡세》에서 파스칼은 "인류가 지닌 모든 문제는 인간이 방에 혼자서 조용히 앉아 있지 못하는 데서 비롯한다."라고 기록했습니다. 어쩌면 홀로 침묵하며 고요에 잠기는 행위는 우리가 매번 실천하지는 못하더라도 끊임없이 상기해야 할 만큼 인간에게 근본적으로 필요한 부분일지도 모릅니다. 인생이 원하는 대로 술술 풀리는 시기에는 고요의 필요성을 잊어버리기 쉽지만, 온갖 일정이 빽빽이 들어차서 도저히 소화할 수 없을 듯한 일정표를 마주할 때면 아무것도 하지 않을 여유가 사라진 것만 같아 고요가 절실해지기 때문입니다.

나는 일상생활에서 다른 때와 비교해 눈에 띄게 고요히 머무르는 순간, 그리하여 고요 자체에서 오는 긍정적인 효과를 직접적으로 체험하는 경우가 세 가지 있습니다.

첫 번째 상황은 주로 퇴근하고 집에 돌아왔을 때 하는 '아무것도 안 하기' 활동을 할 때입니다. 나는 집으로 돌아오면 자리에 앉아 5분에서 10분가량 고양이와 함께 있기를 좋아합니다. '아무것도 안 하기'는 어느덧 일상의 즐거운 일부분으로 자리 잡았고, 고양이도 그것을 아는 모양인지 내가 소파에 앉으면 곧바로 내 곁으로 다가와 눕습니다. 고양이의 몸짓은 나와 달리 한층 침착합니다. 고양이의 차분한 태도는 무척 전염성이 짙은지라 고양이와 함께 있다 보면 어느새 내 몸의 움직임도 고양이처럼 느릿해지고, 부드러워지고, 유순해집니다. 내 몸이 고양이의 리듬을 그대로 흡수한다고나 할까요. 나는 고양이와 있을 때면 함께 앉아 있는 것 외에 다른 일은 아무것도 하지 않습니다. 휴대전화를 손이 닿지 않는 곳에 놓아둔 채 고양이와 시간을 보내다 보면 마음속 긴장이 스르르 풀리고, 바짝 날 서 있던 모서리가 둥그렇게 부드러워지는 것이 느껴집니다. 마칠 시각을 따로 정해 두지 않고 계획에 없던 휴식을 즐기는 순간에는 더 고요한 어딘가로 향하는 문이 살짝 열립니다. 이는 마치 긴급한 일과 압박으로 가득한 바깥세상에 있다가 중간 지대를 거쳐 더욱 고요한 존재감 속으로 성큼 발을 들여놓는 것과 같습니다. 그러면 켜져 있던 전원이 딸깍 꺼지고, 어떤 일을 수행하는 상태에서 벗어나 그저 존재하는 데 오롯이 집중하게 되며,

외부 세계와의 연결이 단절됩니다.

　두 번째 상황은 야외에서 자연에 둘러싸여 있을 때입니다. 자연 속에 머무를 때 우리는 자기 자신을 잠시 잊어버리고 주변 세상을 더 주의 깊게 관찰할 수 있습니다. 그러면 자연과 우리 사이에 접점이 생겨나고, 자연과 하나 되는 익숙한 느낌이 슬며시 고개를 듭니다. 비로소 감각이 완전히 깨어나고, 우리는 다시금 대지와 접촉하며, 도시에 있을 때와 달리 일상의 혼돈에서 오는 긴장감을 내려놓기가 한결 쉬워집니다. 인간과 자연의 이 오묘한 재회 속에서 스트레스가 감소하고 혈압이 낮아지며, 기분이 좋아지고 창의력도 향상됩니다. 이것이 이른바 '삼림욕'의 효과입니다. 내가 이 땅에 발을 디디고 살아가고 있다는 감각이 되살아나는 것이지요.

　나는 대도시 한복판에 삽니다. 내가 사는 아파트 단지에는 안뜰에 나무가 한 그루 있습니다. 아파트 4층 창턱까지 닿을 만큼 키가 큰 아름드리 단풍나무이지요.

사방이 아스팔트로 뒤덮인 환경에서 이 나무는 특별한 의미를 지닙니다. 나는 날마다 이 나무를 바라보며 생각에 젖습니다. 나무에 드러나는 계절의 변화를 관찰하며 모든 것이 한순간이라는 깨달음에 다다르면 이내 마음이 차분해지지요. 감상적으로 들릴지 모르지만, 무상함은 우리가 그 리듬에 따를 수밖에 없다는 사실을 이해하고 나면 꽤 자연스럽게 다가옵니다. 덧없음은 늘 그렇듯 속절없이 흘러가는 시간의 마법입니다.

세 번째 상황은 날마다 명상할 때입니다. 명상 시간은 가능한 한 최대로 고요한 시간입니다. 거의 강렬하다고 할 만큼 대단히 고요하지요. 겉으로나 속으로나 그야말로 잠잠한 시간입니다.

고된 하루를 마치고 나면 때로는 바삐 활동하던 감각이 몸에 남아 마치 가려움처럼 몸 이곳저곳으로 옮겨 다닙니다. 시간이 지나면 결국 활동의 감각은 점차 흩어져 사라지고, 몸은 가만히 머무르는 데서 안식을 찾으려는 듯 서두르던 움직임을 멈춥니다. 내면의 소음이 현저히 잦아들고, 얼마 후에는 활동이 거의 없다시피 할 만큼 최소한으로 줄어들며, 나는 너그럽고도 편안한 공허에 한 걸음 다가섭니다. 명상을 하다 보면 이따금 그날의 기분이나 상황과 관계없이 끝없이 펼쳐지는 행복을 경험합니다. 일상 한가운데서, 한창 스트레스를 받던 중에, 모든 일이 급박하게 돌아가는 와중에도요. 나는 분주하고 스트레스를 받는 상황에 맞닥뜨리면 특별히 무언가를 바꾸려고 애쓰지 않습니다. 그 대신 긴장을 풀고 경계를 내려놓으면 나와 타인을 가르던 경계선이 점점 흐릿해집니다.

이 세 가지 경우는 모두 고요와 정적을 통해 에너지를 근본적으로 회복하고 보충하는 효과가 있습니다. 나는 극심한 피로로 한계에 부딪히는 순간에는 아주 간단한 결정조차 내리기 어려워진다는 것을 여러 번 체험했습니다. 무언가를 곰곰이 생각하기에는 너무 지쳤고 무언가를 느끼기에도 너무나 공허할 때, 일상에서 만끽하는 고요의 순간은 깊이 있고 여운 짙은 평온함을 선사합니다. 고요가 가져다주는 것은 그뿐만이 아닙니다. 단 한 순간이나마 우리가 완전히 멈추어 서서 침묵하지 않는다면 자신이 누구인지를 대체 어떻게 알 수 있겠습니까? 내면에서 들려오는 목소리에는 대체 언제 귀 기울일 수 있을까요?

이 책을 쓰던 당시 스웨덴 근로환경청에서는 스웨덴 근로자의 건강 상태가 갈수록 나빠지는 추세이며, 만성 피로 증후군이 만연하다고 발표했습니다. 스웨덴에서는 총 140만 명의 근로자가 업무 관련 문제로 고통받고 있습니다. 그중 절반은 불안 또는 걱정을 느끼거나 수면 장애를 겪는다고 보고했습니다. 근로환경청에서는 이러한 현상의 원인으로 일과 사생활의 경계선이 지워졌다는 점을 꼽았습니다. 나 역시 몸소 겪어 보니 일과 개인 생활을 구분하기가 얼마나 어려운지, 그러함에도 에너지를 회복하려면 삶의 영역을 뚜렷하게 설정하는 것이 얼마나 중요한지를 알게 되었습니다. 어떻게 해야 일상에서 회복을 누릴 수 있을까요? 에너지와 의욕을 재충전하는 소소한 순간들을 어디서 찾을까요? 이 책에서는 명상 수행을 바탕으로 한 일련의 성찰을 다루면서 소란스러운 세상에서도 내가 고요히 머무르는 비결이 무엇인지 나누고자 합니다.

차례

서문 (004)

①

지금, 고요에 다다르는 법

고요를 찾아서 (017)
고요는 전부이자 아무것도 아니다 (021)
우리가 추구하는 고요 (026)
빨간불 (031)
삶은 벗어나는 것이다 (037)
아무것도 하지 않는 달콤함 (045)
자비심의 침묵 (050)
일상 속 마음챙김 (058)
숨 쉴 틈 (066)
마음의 파도를 의연하게 받아들이기 (073)
일상생활의 변화 (080)
손에도 휴식을 (089)
귀 기울여 듣기 (091)
멈추기 (096)

②

자연 속에 머무를 때

나무를 감상하다 보면 (101)
고요를 향한 움직임 (107)
기준점, 변하지 않는 무언가 (115)
놓아주기 (122)
고요를 향하여 (127)
고요를 누리는 시간 (133)
가장 완전한 침묵 (138)
고요는 지금 여기에 존재한다 (148)
숲의 기운에 젖어 들다 (152)
나무 (156)

③

날마다 명상

보이지 않는 열쇠 (165)

체크인 명상 (170)

어딘가 다른 곳 (175)

모든 생각을 대체하는 주문 (179)

역경을 벗 삼기 (183)

움직임 명상 (189)

고통을 넘어서는 명상 (196)

자신과 타인을 친절하게 대하기 (203)

쉽고도 어려운 것 (210)

참고문헌 (213)

고요를 찾아서

이 책을 관통하는 주제는 침묵과 고요에 다다르는 것입니다. 고요란 매번 분주한 일상에 사정없이 치이고 스트레스에 휘둘리는 데서 벗어나 명료함과 의미를 만들어 내는 삶의 여유를 경험하는 것을 가리킵니다. 사실상 이것이 이 책의 전부라고 해도 과언이 아니며, 나는 여러분이 고요를 찾을 수 있도록 돕고자 합니다.

우리는 다양한 장소와 다양한 상황에서 제각기 다른 얼굴을 한 고요를 발견합니다. 누군가는 땅을 스치는 바람에서 고요를 느끼고, 또 누군가는 도시의 왁자

지껄한 백색 소음 가운데서 고요를 더욱 선명하게 체험합니다. 고요는 말을 멈출 때 찾아오기도 하지만, 오히려 침묵을 깨뜨리는 소리에 세심하게 귀 기울이는 순간에 나타나기도 합니다.

몇몇 명상 기법을 특별히 잘 갈고닦으면 고요를 더 기민하게 알아차릴 수 있습니다. 그러려면 꾸준히 명상하는 습관을 들여서 명상을 일상생활의 일부로 받아들이는 것이 중요합니다.

명상은 또 생각을 잠재우고 스트레스에 건강하게 대처하는 데도 도움이 됩니다. 이 책에서 소개하는 여러 가지 수행법을 시도해 보십시오. 이 책을 읽는 행위 자체를 명상하듯 하되, 다 읽은 뒤에는 책을 잠시 내려놓고 그저 가만히 머무르는 것도 좋습니다.

명상은 책으로만 공부해서는 온전히 이해할 수 없습니다. 직접 경험해 보아야 비로소 피가 되고 살이 되지요. 과거와 미래, 실의와 열의를 끊임없이 오가는 마음을 다스리려면 적잖은 인내심이 필요합니다. 그래도 연습하는 만큼 실력이 는다는 사실만은 확실합니다. 수많은 연구 결과가 이를 증명하지요. 명상은 나처럼 태생적으로 집중력이 부족한 사람을 비롯해 모든 이들에게 효과적입니다. 며칠 전, 나와 같은 경험을 한 어떤 여성에게서 메시지를 받았습니다.

"제가 명상을 처음 시도해 본 날은 평생 잊지 못할 거예요. 온몸이 근질거려서 도무지 가만히 앉아 있을 수가 없었어요. 그렇게 30초를 버티고 나니 이런 생각이 들더군요. '이건 아니야. 명상은 나한테 안 맞아!' 지금 와서 보면 잘못 생각해도 한참 잘못 생각했던 거죠."

명상하는 연습을 더욱 꾸준히 하다 보면 현재에 머무르는 능력이 눈에 띄게 좋아질 뿐만 아니라 결국에는 고요와 침묵이 나를 감싸는 것을 경험하게 될 것입니다. 고요와 침묵이 나를 숨 막히게 조이는 것도 아니고 외부 세계를 차단하거나 흐름을 끊는 것도 아니라 나를 '감싼다'니 얼마나 아름다운 표현인가요! 고요는 비록 영원히 지속되지는 않지만, 바깥세상을 배제하지 않고도 보이지 않는 보호막으로 우리를 감싸 침묵 속에 부드럽게 붙들어 둡니다. 안개가 풍경 전체를 휘덮고 피부가 우리 몸을 겹겹이 에워싸듯이, 고요는 우리를 포근하게 감싸안습니다.

고요는 전부이자
아무것도 아니다

고요는 전부인 동시에 아무것도 아닙니다. 무엇도 요구하지 않는 고요는 우리가 지나간 일과 고정관념을 내려놓고 자기 매몰에서 벗어날 때 찾아듭니다. 고요에 다다르면 때로는 나라는 존재가 어디에 머무르고 있는지 느껴집니다. 그것은 삶이 현실이라는 감각이며, 우리의 성과와 강렬한 야망을 넘어서는 풍성한 만족감을 줍니다. 스웨덴의 작가 스티그 다게르만Stig Dagerman은 이렇게 이야기했습니다.

"삶은 측정할 수 있는 대상이 아니다. … 인생은 성과가 아니라 완벽을 향해 성장하는 과정이다. 그리고 그 완벽은 무언가를 수행하지 않는다. 완벽은 휴식 중에 이루어진다."

명상한다고 해서 우리가 다른 사람이 되는 것은 아닙니다. 옷차림이나 음악 취향을 바꾸거나, 특정 교리를 받아들이거나, 머나먼 나라로 떠날 필요도 없습니다. 오히려 우리는 명상할 때 더 자기다워집니다. 다른 누구도 아닌 바로 나 자신이 되는 것이지요. 사실 나는 '자기 자신을 알아 간다'라는 말이 무슨 뜻인지 잘 모르겠습니다. 단지 삶에 변화가 일어날 때 이를 내면의 고요한 중심에 거듭 비추어 보고, 그 안에서 솟아나는 통찰을 마주할 뿐입니다. 이러한 자기 성찰은 지극히 주관적인 관점을 초월할 때 이루어집니다.

어릴 적부터 내 머릿속에서는 언제나 온갖 생각이 매서운 추진력을 자랑하며 꼬리에 꼬리를 물고 이어졌습니다. 다행히도 나는 오래전에 명상 기법을 익혀 둔 덕에 정신을 맹렬하게 공격해 오는 생각들을 다스릴 수 있었습니다. 과거의 나처럼 흔들리지 않는 고요를 열망하며 명상하는 사람들이 많을 것이라 생각합니다. 명상은 삶을 떠받치는 토대와 같은 근본 요소와 접촉하려는 시도입니다. 이는 성장하는 존재 안에 여전히 살아 숨 쉬며 그 자체로 존재의 의미를 창출하는 인류의 원초적 요소이지요. 나는 다른 무엇보다 고요한 침묵을 통해 나 자신의 존재를 가장 잘 이해할 수 있었습니다. 내가 경험한 바에 따르면 침묵을 통한 자기 이해는 누구에게나 꼭 필요하고 누구나 이룰 수 있습니다. 자기 이해는 비교적 기초적인 명상 기법만으로도 가능합니다.

이는 명상자가 고요의 영역에 들어서는 순간 무겁던 것은 가벼워지고, 하늘 높이 날던 것은 지상으로 내려앉으며, 모든 고난과 역경이 이해할 만한 것으로 다가오기 때문입니다. 나는 이따금 진정으로 그리고 절대적으로 빛나는 무언가에 닿은 듯한 느낌을 받기도 합니다. 이를테면 사랑처럼요.

처음으로 명상을 시도했을 때는 마치 차분한 손길이 내 어깨를 토닥이고 어떤 목소리가 내 온몸에 이렇게 속삭이는 듯했습니다.

"괜찮을 거야. 괜찮아. 충분히 잘하고 있어."

상처 많은 10대에게 이 격려는 커다란 변화를 가져다주었고, 나는 이 말을 마음에 새기기로 마음먹었습니다. 여러분도 이런 휴식이 필요하다고 느낄 때가 있지 않습니까? 무작정 달려 나가던 발걸음을 늦추고 싶다거나 마음을 차분하게 가다듬고 피로를 덜고 싶은 순간이요. 초기 적응 단계를 거쳐 약간은 고집스럽게 연습하고 나면 명상은 우리 발밑에 새로운 지평을 열어줍니다. 자연스러운 나침반이자 일종의 기본적인 욕구로 자리 잡지요. 아마 여러분도 나와 마찬가지로 여유 시간이 그리 많지 않을 것입니다. 하지만 하루 중 틈틈이 몇 분씩 짬을 내면 잠시나마 고요 속에서 시간을 보낼 수 있습니다.

때로는 이것만으로도 충분하다는 생각이 듭니다.

자신의 심장 박동을 들을 수 있을 만큼 고요하게 머무르는 것, 그리하여 내가 어디로 가고 있는지 이해하고 내 삶에서 중요한 것이 무엇인지 다시금 떠올리는 것 말입니다.

가슴에 손을 얹고 가슴이 오르내리는 움직임을 느껴 보십시오. 숨을 한 번 들이쉬고 내쉴 때마다 가슴과 손이 함께 오르내릴 것입니다.

어떠한 목표도 목적도 없이 점차 퍼져 나가는 고요를 받아들입니다. 온전히, 움직이지 않고 가만히, 조금만 더 오래 머물러 봅니다. 이 순간에는 오로지 고요하게 머무르는 것 외에 다른 어떠한 동기도 없습니다.

그렇게 온몸을 휘감아 오는 고요에 자신을 내맡기십시오.

우리가 추구하는 고요

마흔 명의 사람들이 미동도 없이 한방에 앉아 있습니다. 때는 11월의 어느 날 이른 아침입니다. 나는 지난 10년간 이 시간대에 내가 사는 도시 외곽에서 요가와 명상을 가르쳤습니다. 불과 10여 분 전까지만 해도 수련실은 도란도란 정답게 이야기를 나누는 회원들의 목소리로 가득 차 있었습니다. 그랬던 사람들이 지금은 모두 바닥에 가부좌를 틀고 앉아 손을 무릎 위에 얹고 눈을 감은 채 자발적으로 가만히 침묵하고 있습니다. 어떤 이들은 자기에게 편한 자세를 재빠르게 찾아내 몸의 긴장을 이완하고, 또 어떤 이들은 몸을 이리저리 조금씩 움직이다가 마침내 편안한 자세로 자리를 잡습니다. 사람들은 보통 한동안 몸을 가만히 두지 못해 온몸을 비틀고, 그렇게 몇 분이 지나고 나서야 수련실은 마치 두꺼운 담요로 뒤덮인 듯 완전한 정적으로 휩싸입니다.

우리가 숨을 들이마시고 내쉬며 단순함의 영역으로 나아갈 때마다 시간과 공간은 희미해집니다. 내가 내뱉은 구령은 널리 퍼져 나갔다가 여러 사람이 함께 공들여 유지하고 있는 생생한 존재감 속으로 축소됩니다. 그 순간만큼은 자리에 있는 모든 사람이 의무에서 자유로워지는 경험을 공유합니다. 어쩌면 자기 자신을 잠시 잊어버리는 것도 같습니다. 그것이 그리도 간단한 일일까요? 그리고 이때만큼은 우리가 쓰고 있던 가면을 벗어 두고 쉴 수 있는 것일까요?

수련실에 함께 앉은 우리는 서로에 관해 잘 알지 못합니다. 명상의 순간에는 각자가 사회에서 무슨 역할을 하는지가 하나도 중요하지 않습니다.

소음이 정적으로 변합니다. 우리는 번잡한 공기가 명료한 고요로 변하는 과정을 함께 체험합니다. 산만하던 주의가 한곳으로 집중됩니다. 이처럼 극과 극이 맞닿아 하나로 이어지는 가운데 우리 내면의 이중성이 무너져 내립니다.

내면을 들여다보는 이 소박한 모임에는 확실한 회복의 기운이 감돕니다. 그리고 이상하게 들릴지 모르지만, 명상하는 이들의 얼굴을 보면 그들 가운데 평온함이 퍼져 나가고 있음이 확연하게 드러납니다. 이러한 경험은 말로 설명할 수 없는 무언가를 체험하는 장이 됩니다. 나는 종종 기원전 5세기경에 쓰인 《카타 우파니샤드Katha Upanishad》의 한 구절을 떠올리곤 합니다. 이 구절은 동시에 일어나는 "존재와 소멸… 곧 오로지 '그러하다'라고 말함으로써만 이해할 수 있는" 깊은 휴식 상태를 묘사합니다.

밖에는 잿빛 구름이 하늘을 빽빽하게 뒤덮고 있습

니다. 이내 비가 내리기 시작하더니 빗방울이 불규칙하게 떨어지면서 창틀에 토도독 부딪힙니다. 바람이 거세지자 제대로 고정되지 않은 방수포가 위아래로 펄럭이며 희미하게 두드리는 소리를 냅니다. 수련실의 조명은 어두워지고, 조용히 자신을 돌아보는 사람들 뒤로 은은한 빛이 차분하게 깔립니다. 어쩌면 지금이 우리가 감정을 얼버무리거나 그 실체를 평가하지 않고 진정으로 고요에 잠겨 진짜 감정을 알아차리는, 일주일에 몇 안 되는 순간인지도 모릅니다. 이때는 모든 것이 한순간에 아무것도 아닌 것으로 변합니다.

한 시간 뒤, 수련실에는 평소와 다름없는 풍경이 펼쳐집니다. 몇몇 사람은 조용히 수련실을 나섭니다. 다른 사람들은 남아서 나직한 목소리로 얼마간 대화를 나눕니다.

핀란드의 시인 군나르 비엘링Gunnar Björling은 이렇게 기록했습니다.

"우리는 고요를 추구한다, 우리는 답을 찾으나, 그

답에는 이름이 없으며, 우리 마음의 생명은, 우리가 추구하는 고요처럼… 그것은 조언도 피난처도 주지 않으나, 생명을 불어넣는다."

빨간불

오르막길을 걸어 출근하는 길, 아침은 어둠이 언제 걷히는지 눈치채지 못할 만큼 살그머니 찾아옵니다. 살을 에는 듯한 2월의 찬바람이 불어오자 머릿속이 온갖 소리로 윙윙 울립니다. 몸은 편안함을 갈구하며 서둘러 전진하고, 어깨는 귀에 닿을 듯 한껏 움츠러듭니다.

1분쯤 지났을까, 몇몇 행인이 길을 건너려는 찰나 보행 신호가 빨간불로 바뀝니다.

그 가운데 이런 상황에 유달리 익숙한 듯 보이는 몇 사람은 신호 대기 중이던 차량이 파란불을 보고 가속 페달을 밟아 내달리기 전에 디젤 매연을 헤치고 재빨리 길을 건넙니다. 한편 미처 길을 건너지 못한 한 사람은 다음 경기를 위해 출발선에 선 달리기 선수처럼 한쪽 발을 도로에 내디디고 있습니다. 그는 신호가 바뀌기를 기다리는 중이지만, 자세만 보면 꼭 당장이라도 길을 건너갈 듯한 모양새입니다. 그의 몸은 좀처럼 가만히 있지 못하고 앞뒤로 움찔거립니다.

다른 행인 한 명은 외투 주머니에서 휴대전화를 꺼내더니, 고개를 푹 숙이고 현재의 순간에 빠져듭니다. 비록 자기가 발을 딛고 선 이 공간이 아니라 휴대전화 속 세상에 정신이 팔렸지만요.

나 역시 길을 건널 때 이들처럼 서두른 적이 여러 번 있었지만, 그날만큼은 그 순간의 중요성을 알아차리고 완전히 멈추어 섰습니다.

그날 아침에는 유독 내 안의 배터리가 떨어져 가는 느낌이 들었습니다. 쉴 틈 없이 팽글팽글 돌아가던 뇌 속 톱니바퀴를 쉬게 해 줄 때가 왔음을 똑똑히 알 수 있었지요. 최근 들어 부쩍 그런 적이 많기도 했습니다.

나는 자동차가 쌩쌩 달리는 도로를 앞에 두고 도로 경계석에서 조금 더 뒤쪽으로 물러나 양팔을 툭 늘어뜨린 채 미동도 없이 가만히 서 있습니다. 문득 아무것도 쥐지 않은 텅 빈 손이 조금 이상하게 보일지 모른다는 생각이 뇌리를 스칩니다. 그러다가 다음 순간, 지금 눈에 보이는 생명체 중 완전히 가만히 서 있는 사람이 나뿐이라는 사실을 깨닫고 나니 왜 불현듯 그런 생각이 들었는지 이해할 수 있었습니다.

신호등의 빨간불은 직관적인 존재의 감각을 갑작스레 일깨웠습니다. 나는 내 몸의 무게를 체감합니다. 마치 두 발이 아스팔트 바닥에 뿌리를 내린 것 같습니다. 나는 발가락을 쫙 펴서 바닥을 단단히 디딥니다. 그러자 체중이 고르게 분산되고, 불필요한 부위에 들어갔던 힘이 제자리를 찾고, 마음의 조급함이 멈춥니다. 눈을 들어 바라보니 길 건너편 건물 3층 창문에 햇빛이 반사되어 반짝거립니다. 평상시 같으면 길게만 느껴졌을 빨간불 덕에 이날은 근본적 차원으로 되돌아갈 수 있어 유쾌해집니다. 분주함에서 탈피하여 근본적 차원으로 돌아가면 마치 퍼즐 조각들이 제자리에 꼭 맞아 들어가는 느낌입니다. 어떤 사람들은 이를 가리켜 '머릿속에서 벗어난다.'라고 표현하기도 합니다.

신호등의 빨간불은 베트남의 승려 틱낫한(Thich Nhat Hanh)이 세운 프랑스 남부의 사원에서 정해진 시간마다 울리는 종소리 같은 존재가 되었습니다. 사원에 머무는 사람들은 하루에 몇 번씩 이 종소리를 듣고 자신의 존재에 대한 의식과 감각을 깨웁니다. 종이 울리면 모든 사람이 하던 일을 중단하고 몸의 긴장을 이완하며 호흡에 집중합니다. 이들에게 종소리는 차분함을 되찾아 주고 자유의 감각을 회복시키는 신호입니다. 어쩌면 나도 대도시 한복판 횡단보도 앞에서 나만의 종소리를 찾은 것 같습니다.

건널목 앞에 가만히 서서 신호를 기다리는 동안 나는 숨을 들이마시고 내쉴 때 나타나는 몸의 움직임에 집중합니다. 간단한 호흡법을 시행하면 몸과 마음이 차분해지는 긍정적인 효과가 있습니다. 먼저 속으로 숫자를 세면서 4초 동안 숨을 들이마셨다가 다시 4초 동안 숨을 내쉽니다. 공기가 완전히 빠져나가고 나면 다음 들숨을 쉬기에 앞서 4초 동안 숨을 참습니다.

나는 콧구멍을 통해 몸 안팎으로 드나드는 공기의 흐름을 놓치지 않고 따라갑니다. 그리고 호흡법을 시행함에 따라 내 몸과 마음이 어떻게 영향을 받는지 관찰합니다. 천천히 심호흡하면 몸의 모든 긴장이 서서히 풀리고, 내가 상황을 바라보는 관점이 눈 깜짝할 새에 변하기도 합니다.

단지 신호등의 빨간불이 파란불로 바뀌기를 기다리는 평범한 일상을 묘사하는 데 쓰기에는 지나치게 거창한 표현일지 몰라도 나는 홀연히 자유로움을 느낍니다. 분주함을 저 멀리 벗어던진 듯 마음이 홀가분해집니다.

숨을 들이마시고 내쉬기를 몇 번 반복하고 나니 물웅덩이에 파란불이 비쳐 어른거립니다. 어느새 1분이 흘렀습니다. 우리는 이 1분을 안달복달하며 흘려보낼 수도 있고, 잠시 멈추어 서서 고요에 잠기는 시간으로 활용할 수도 있습니다.

나는 한 걸음 한 걸음 이전과 같은 방향으로 발걸음을 옮깁니다. 추위에 잔뜩 움츠러들었던 어깨에서는 이제 긴장감을 조금도 찾아볼 수 없습니다. 빨리 가야겠다는 조급한 마음은 간데없고 몸과 마음이 알맞은 속도를 되찾았습니다. 경이로운 고요가 내 몸에 흐르고, 숨결이 양쪽 폐를 한가득 채운 것이 느껴집니다.

빨간불이 켜졌을 때 가던 길을 멈추고 가만히 서서 기다리는 것만으로도 우리는 해방감을 맛볼 수 있습니다.

삶은 벗어나는 것이다

옛날에는 기차를 타면 차창 아래에 "창밖으로 몸을 내밀면 위험합니다(Livsfarligt att luta sig ut)."라고 쓰인 네모난 노란색 금속판이 붙어 있었습니다. 10대 시절 나는 누군가가 그 경고문에 가로줄을 죽 그어 여덟 글자를 지우고 첫 번째 'a' 위에 움라우트를 써넣은 것을 보았습니다. 그러자 전혀 다른 의미를 지닌, 여러 의미로 해석될 여지가 있는 새로운 문장이 탄생했습니다.

"삶은 벗어나는 것이다(Liv är att ta sig ut)."

나는 낙서한 사람의 기발함에 감탄했습니다. 당시 펑크 록 음악에 심취한 젊은이였던 내게 이 새로운 메시지는 희망찬 생각을 불러일으켰습니다.

'사회의 쳇바퀴에서 벗어나라. 고착되고 정체된 기존의 틀에서 벗어나라. 벗어나서 변화하라.'

최근 나는 그 고쳐 쓴 경고문 사진을 우연히 다시 접했습니다. 짧지만 강력했던 그 한 문장은 여전히 내 마음을 사로잡았고, 이전처럼 희망찬 메시지를 떠올리게 했습니다. 다만 그 의미는 살짝 다르게 다가왔지요.

'스트레스로 가득한 사회에서 벗어나자. 현대인을 괴롭히는 온갖 요구와 압박에서 벗어나자. 벗어나서 회복하자. 벗어나서 자유로워지자.'

옛날 옛날 아주 먼 옛날, 네팔에 고타마 싯다르타 Gautama Siddhārta라는 어린 왕자가 살았습니다. 무척 호화로운 환경에서 자란 싯다르타는 부모에게서 과잉보호를 받은 탓에 궁전 외부의 삶이라고는 까맣게 모르고 지냈습니다. 그러던 어느 날, 성인이 된 싯다르타는 호기심을 이기지 못하고 궁전에서 빠져나왔습니다. 궁전 담장 바깥에서 그는 노인을 보았고, 모든 사람이 늙는다는 사실을 깨달았습니다. 병자를 보고는 모든 사람이 고통받는다는 사실을 깨달았습니다. 또 죽은 사람을 보고는 모든 것이 일시적이며 언젠가 사라진다는 사실을 깨달았지요. 싯다르타는 담장 밖 세상으로 나가서 생로병사의 의미가 무엇인지 이해하고자 했습니다. 그렇게 수년에 걸쳐 답을 찾아 헤맨 끝에 그는 명상하던 중 산처럼 고요하고 흔들림 없는 상태로 멈추었습니다. 이때 그가 얻은 깨달음은 현대를 살아가는 우리에게도 변함없는 울림을 주고 있지요. 그는 번뇌에서 벗어나는 길을 가리켜 '열반Nirvana'이라고 불렀습니다. 깨달음에 도달해 부처가 된 싯다르타에 따르면, 열반은 내세에 가서야 다다를 수 있는 경지가 아니었습니다. 열반은 우리가 바로 지금 이곳에서 충실히 보내는 매 순간 속에, 몸과 마음에 올바르게 주의를 기울이고 삶에서 벌어지는 일들을 온전히 받아들이는 능력 속에 존재합니다. 번뇌에서 벗어나는 유일한 방법은 내면으로 들어가는 것이었습니다.

부처는 고요에 머무르는 것이 집중과 이완 사이에서 섬세하게 균형을 잡는 능력이라고 말했습니다. 우리의 의식은 지나치게 긴장하지도 풀어지지도 않은 중도에 있을 때 선명하게 울려 맑은 소리를 냅니다.

오래전부터 나는 스트레스와 불안이 찾아들 때면 일단 긴장을 내려놓고 내가 통제할 수 없는 문제와 씨름하기를 의식적으로 그만둠으로써 내가 영향력을 미칠 수 있는 대상에 더욱 집중했습니다. 이러한 태도를 가리켜 인정 혹은 수용이라고 부릅니다. 인정과 수용은 삶의 대부분 영역에 관한 내 관점을 바꾸어 놓았으며 내가 시련을 겪는 동안에도 효과를 톡톡히 발휘했습니다.

"하느님, 제가 바꾸지 못하는 것을 기꺼이 받아들일 수 있는 평정심과 제가 바꿀 수 있는 것을 바꿀 용기, 그리고 그 두 가지를 구별할 수 있는 지혜를 주십시오."

미국의 신학자 라인홀트 니부어 Reinhold Niebuhr의 기도를 들을 때마다 지혜롭게 수용한다는 것이 무엇인지를 이보다 더 잘 설명해 주는 문장은 없다는 생각이 듭니다. 지혜로운 수용이라는 마음의 토양에는 감사와 연민이 뿌리를 내릴 수 있습니다.

내가 힘들었던 시기에 효과를 보았고 명상을 이어가는 데 좋은 밑거름이 되어 주었던 특별한 이완 훈련이 하나 있습니다. 이 이완 훈련은 기본적인 호흡에 깊이를 더하고, 긴장을 풀어 주며, 고요로 향하는 첫 번째 문을 열어 줍니다.

부담감이 켜켜이 들어찬 마음의 긴장을 풀기란 좀처럼 쉽지 않지만, 몸의 특정 부위를 미세하게 조절하면 조금씩 조금씩 이완으로 나아가는 길을 찾을 수 있습니다. 내가 경험한 바로는 특정 신체 부위 몇 군데, 즉 중요 지점 세 곳을 공략하면 크게 힘들이지 않고도 수월하게 온전함의 감각에 다다를 수 있습니다.

이 부위는 바로 우리가 평소에 의식조차 하지 않고 사용하는 얼굴의 작은 근육들입니다! 얼굴 근육에 힘을 풀면 그제야 우리가 해당 부위에 유난히 힘을 잔뜩 주고 있었다는 사실을 확연히 체감하게 됩니다. 그중에서도 첫 번째 중요 지점은 눈 주변과 눈 뒤쪽의 근육입니다.

먼저 얼굴의 피부가 살짝 처지도록 축 늘어뜨리십시오.

우리가 하루 내내 말을 하고, 활짝 웃고, 이런저런 표정을 지을 때마다 바삐 움직이던 근육들이 이제 잠시 쉼을 얻습니다. 두 뺨은 마치 부드럽게 얼굴을 어루만지는 손길을 받아들이듯 긴장이 풀려 느슨해집니다.

눈썹이 살짝 아래로 처지면서 이마가 편평하고 넓어지며, 미간에는 주름이 지지 않습니다.

고개를 들고 몇 초 동안 눈을 가만히 두십시오. 그리고 잠시 아래를 내려다보다가 마지막에는 같은 방식으로 시선을 옆쪽으로 넓힙니다. 그런 다음에는 눈 주변 근육에 힘을 풀어 이완합니다. 눈을 완전히 감을 필요는 없으나 눈꺼풀을 묵직하게 툭 내려놓고 눈 근육을 이완한 상태로 유지해야 합니다. 때에 따라서는 눈의 긴장이 조금 풀릴 때까지 손을 둥글게 구부려 눈 위에 얹고 있거나 엄지손가락 끝으로 눈썹 주위를 부드럽게 원을 그리듯 마사지하는 것도 도움이 될 수 있습니다.

숨을 후 내쉬면 그 움직임이 눈 뒤쪽 부위와 연결되는 것이 느껴질 것입니다. 온종일 온갖 이미지를 흡수하던 눈이 비로소 휴식을 취합니다. 이제 얼마간은 긍정적으로든 부정적으로든 자신이 어떤 것에도 더는 영향을 미칠 수 없다고 가정하십시오. 그리고 모든 것을 그저 있는 그대로 내버려둡니다. 이 순간만큼은 꼭 봐야만 하는 중요한 대상이 존재하지 않습니다.

이제 두 번째 중요 지점입니다. 존재의 감각을 입안으로 옮겨 혀의 위치와 움직임에 주목하십시오. 먼저 혀끝을 입천장에 대고 그대로 멈춥니다. 혀를 자연스럽게 아래로 내려 쉬게 하고, 혀 뒤쪽이 입안 전체에 넓게 펴지도록 합니다. 입천장과 턱에 힘이 풀리는 것을 느껴 보십시오. 모든 언어가 혀를 떠나가면서 혀가 조용해진다고 상상합니다. 그 순간에는 언어가 되어 표출되려고 하는 모든 것이 입 밖으로 나가지 않고 침묵 속에 머무릅니다.

이번에는 주의를 배 쪽으로 돌려 봅니다. 몇 초 동안 복부를 팽팽하게 조이며 척추 쪽으로 깊숙이 끌어당긴 뒤 이완하십시오. 숨을 들이마시고 내쉴 때마다 오르락내리락하는 배의 움직임을 하나하나 세세하게 의식합니다. 그리고 고민, 걱정, 팽팽한 긴장감이 서서히 몸에서 빠져나가는 것을 느낍니다.

이제 눈과 혀와 배가 모두 편안해졌습니다. 온몸이 깊이 이완되는 것을 느껴 보세요. 마음도 섬세하게 조절하여 고요해지도록 합니다.

긴장과 스트레스에서 서서히, 자연스럽게 빠져나오는 것이 느껴질 것입니다. 자신을 움켜쥐고 못살게 굴던 근심의 손아귀에서 벗어나십시오.

아무것도
하지 않는 달콤함

'아무것도 하지 않는 달콤함La dolce far niente'은 아무것도 하지 않는 시간의 즐거움을 가리키는 이탈리아어 표현입니다. 영어에는 이와 같은 표현이 존재하지 않습니다. 그러나 휴식의 필요성은 오늘날 그 어느 때보다 절실해 보입니다. 이상하게 들릴지도 모르지만 우리는 일상에서 좀처럼 가만히 있지 못하고, 고요를 즐기지 못하며, 무엇보다 아무것도 하지 않는 고요한 순간의 쓸모를 잘 알지 못합니다.

하던 일에서 손을 놓을 때면 공연히 왠지 모를 죄책감이 올라오기도 합니다. 실제로는 깨어 있는 시간 대부분을 어떤 행위를 하면서 보내는데도 말이지요. 내가 여기서 말하는 행위에는 소파에 가만히 누워서 텔레비전을 보거나 스마트폰으로 소셜 미디어 피드의 스크롤을 내리는 것도 포함됩니다. 이런 행위를 할 때 사람들은 겉으로는 쉬는 것처럼 보일지 몰라도 실제로는 외부 세계와 연결되어 있고, 외부의 영향에 그대로 노출되어 있으며, 언제든 다른 일에 몸과 마음을 빼앗길 수 있는 상태입니다.

아무것도 하지 않는 것은 이와는 다릅니다. 마음속 깊은 곳에서 우리는 온전한 휴식의 필요성을 느낍니다. 일상에서 지치고 피곤한 순간을 마주하면 사람들은 모든 것에서 벗어나 쉬기를 갈망합니다. 그러나 아무것도 하지 않고 휴식하는 것 역시 어느 정도는 노력이 필요합니다. 최근 나는 길에서 우연히 지인과 마주쳐서 "요즘 어떻게 지내세요?"라며 안부를 물었습니다. 그러자 다음과 같은 대답이 돌아왔습니다.

"뼛속까지 피곤해서 죽을 지경이에요."

나는 그 말이 무슨 뜻인지 이해합니다. 그러한 피로는 비단 일을 멈추고 말고의 문제만은 아닙니다. 우리는 멈춤의 반대인 야망과 원대한 계획에 너무나 익숙해져 있습니다. 그러나 속도를 늦추고 일을 최소한으로 하는 것은 다름 아닌 우리 자신에게 주는 소중한 선물입니다. 침묵과 고요를 만끽할 수 있는 자기만의 장소와 기회를 마련하십시오. 심호흡만 두어 번 해도 스트레스는 금세 가라앉아 얼음이 물로 변하듯 녹아 스러집니다. 그리고 집중력의 빛줄기가 올바른 방향을 되찾아 우리 삶에서 중요한 부분, 곧 우리에게 생명력을 불어넣어 주는 핵심 영역에 올곧게 빛을 비춥니다.

존재^{being}가 행위^{doing}의 기본 토대를 이루도록 해야 합니다. 나는 이러한 삶의 방식이 일상을 살아갈 때 훨씬 유리하다는 사실을 깨달았습니다. 잠깐의 휴식이나 숨 돌리는 틈은 5분이나 15분 정도로 짧아도 무방합니다. 자세는 소파나 침대에 누워도 되고 앉아도 됩니다. 중요한 것은 최대한 방해 요소가 적은 조용한 장소를 고르는 것입니다. 휴대전화와 컴퓨터는 멀찍이 치워 두십시오. 알림과 알람도 전부 꺼야 합니다.

    이제 아무것도 하지 않을 준비를 하십시오. 기분 좋게 한가함을 즐길 준비를요.

    코로 숨을 천천히 깊게 들이마시고 내쉬기를 몇 차례 반복합니다. 숨결이 배와 갈비뼈와 어깨뼈를 부드럽게 마사지하듯 온몸에 구석구석 스며드는 것을 느껴 보세요. 호흡은 편안하고 차분하게 유지합니다. 온몸을 꽉 쥐고 있던 긴장을 슬슬 풀어내고 불필요한 생각을 내려놓습니다.

    주의력을 넉넉히 발휘하여 집중하는 시간이 얼마나 가벼워질 수 있는지 느껴 봅니다. 몸은 완전히 이완되어 있을지 몰라도 정신은 호흡으로 인한 움직임을 느끼는 가운데 또렷이 깨어 있을 것입니다. 이번에는 몇 분간 눈썹에 주의를 기울여 봅니다. 어쩌면 그 존재의 감각이 얼얼한 느낌, 점차 이완되는 느낌, 혹은 따스한 온기로 다가올 수도 있습니다. 잠시 이마의 감각에 집중한 다음에는 천천히 온몸으로 주의력을 옮겨 갑니다.

다 마치고 나면 몸은 가만히 둔 채 눈만 뜹니다. 눈을 감고 있을 때뿐 아니라 눈을 뜬 후에도 고요가 그대로 유지되는 것을 느껴 보십시오. 고요는 단순히 내면만 바라보는 상태가 아닙니다. 정신이 또렷이 깨어 있는 상태에서 이것을 체험해 보세요.

고요 속에서 자신의 몸을 느끼십시오. 또 고요한 가운데 자신의 마음도 느껴 봅니다. 침묵 속에서, 그저 가만히요.

철학자 세네카Seneca는 《인생의 짧음에 관하여》라는 책에 다음과 같이 기록했습니다.

"인생에서 우리가 진정으로 살아 있는 시간은 얼마 되지 않는다."

내게는 고요히 머무르는 시간이 진정으로 살아 있는 시간입니다. 이러한 사실은 휴식 중에 놀라울 만큼 명료하게 드러납니다. 그리고 고요 속에서 내가 살아 숨 쉬는 감각을 한층 진하게 경험하고 나면 가슴에는 오로지 감사만이 그득하게 피어오릅니다.

자비심의 침묵

네팔의 수도 카트만두 교외의 셰첸 사원Shechen Monastery, 우리 가족은 붉은 와인 빛을 띤 두꺼운 카펫 위에 둥그렇게 모여 앉아 있습니다. 주위에는 '불교' 하면 떠올릴 법한 온갖 불교 상징물이 놓여 있고, 그 조각과 그림들을 보노라면 옛 스승들이 발전시킨 사원의 전통이 오늘날까지 이어지고 있음을 분명히 알 수 있습니다. 역사의 중대함이 세심한 경외심에서 확연히 드러납니다.

둘러앉은 사람들 가운데는 툴쿠 지그메이 삼텐Tulku Jigmey Samten도 있습니다. 그는 일찍이 승려 학자들의 눈에 띄어 발굴된 '특별한' 불교 스승 소모임의 일원입니다. 승려 학자들은 지그메이에게 툴쿠(부처의 환생을 가리키는 말-옮긴이)라는 칭호를 붙여 주었습니다. 지그메이는 어릴 때부터 사원에서 지내고 싶어 했는데, 자신을 일반 학교에 보내기로 한 부모님의 결정에 크게 낙담했다고 합니다. 그래도 기초 교육을 이수한 후에는 원하는 길을 수월하게 선택할 수 있었습니다. 그리하여 그는 어느 모로 보나 외부 세계와 단절되었다고 보기는 힘든 사원에서 400여 명의 승려와 더불어 수년째 생활하고 있습니다. 사원에 있다 보면 낮에는 멀리서 자동차들이 덜커덕거리며 비포장도로를 달리는 소리가 들려옵니다. 또 밤이 되면 동네 개들이 흥분해서 주거니 받거니 짖어 대고, 그 소리는 이튿날 동이 틀 무렵이 되어서야 겨우 잠잠해집니다. 나는 개 짖는 소리 때문에 여러 날 동안 뜬눈으로 밤을 지새웠습니다. 개들이 낮에 사원 담장 밖에서 일렬로 늘어져 자는 모습을 보고 개의 일주기 리듬이 밤낮이 바뀌어 있다는 사실도 알게 되었습니다.

스님도 스트레스를 받느냐는 우리 딸들의 질문에 지그메이는 침착하게 대답합니다.

"물론입니다! 승려들도 스트레스를 받고 부정적인 감정을 느낀답니다. 그건 지극히 자연스러운 현상이지요."

사원에는 심지어 오락거리도 있으며, 승려들 가운데 다수는 지그메이가 '우리 시대의 기적'이라고 부르는 개인 휴대전화를 소지하고 있습니다. 사원의 원로들은 최신 기능이라고는 눈 씻고 찾아봐도 없는 '구식 흑백 전화기'만 허용해야 한다고 주장했으나 이들의 의견은 받아들여지지 않았습니다. 많은 승려가 위챗, 페이스북, 유튜브 같은 유비쿼터스 미디어를 사용하고 싶어 했기 때문입니다. 몇몇 승려는 사원의 현행 규칙을 주기적으로 위반합니다. 또 마음만 먹으면 휴대전화는 승복 안에 감추어서 얼마든지 손쉽게 가지고 들어올 수 있지요. 휴대전화에 관해 지그메이는 이렇게 이야기합니다.

"스마트폰은 우리를 노예로 만듭니다. 나는 새로운 전자기기가 나오면 호기심이 생기고 그것을 보면서 감탄하곤 합니다. 하지만 솔직히 가끔은 휴대전화를 던져버리고 싶은 기분이 들어요."

지그메이가 우리에게 사원 내부를 구경시켜 주면서 인간 내면의 자비심을 형상화한 아름다운 관세음보살상에 관해 설명하는 동안 나는 방충망의 촘촘한 그물 사이로 밖을 내다봅니다. 앳된 승려들 가운데 한 명이 다소 허술한 수비를 뚫고 공을 드리블하는 모습이 눈에 띕니다. 그는 임시 골대의 왼편 아래쪽 구석을 향해 안정적으로 공을 날립니다. 공이 골대 기둥에 가까워집니다. 골인! 골을 넣은 승려의 입에서 짧은 환호성이 터져 나오고, 그가 오른팔을 위로 쭉 뻗어 세리머니를 하자 그의 붉은색 승복이 낮게 내리쬐는 햇살을 받으며 나풀거립니다. 그 순간 그곳에는 행복이 있었습니다. 우리는 같은 태양 아래 살고, 같은 기쁨을 느끼며, 같은 장애물을 극복해 나가고, 똑같이 맥락과 의미를 갈구하며 살아갑니다. 그러나 여기에 차이점이 하나 있으니, 계속해서 지그메이의 말에 귀를 기울여 봅시다.

"불안, 걱정, 스트레스가 닥쳤을 때 이에 대처하려면 몇 번이고 계속해서 되새길 수 있을 만한 동기를 바탕으로 연습하고 준비해야 합니다. 이곳 사원의 승려들이 되새기는 동기는 타인의 안녕을 기원하는 마음에 기반합니다. 나의 예를 들자면, 매일 아침저녁으로 짤막하게 수행하는 의식을 통해 마음을 평온하게 가라앉힙니다."

불교적 맥락에서 자비에 관한 명상은 모든 명상의 기초를 형성하는 토대입니다. 이 자비는 일종의 지혜로서 고통이 왜 발생하며, 어떻게 해야 특정 상황에 현실적으로 대처할 수 있는지 이해하고자 하는 태도입니다. 자비심은 우리가 자신의 능력을 최대치로 발휘하게 하는 촉매제 역할을 하는 한편, 자신의 한계를 받아들이고 자기 능력으로 당장 어쩌지 못하는 문제는 걱정하지 말아야 한다는 깨달음을 줍니다.

지그메이는 계속해서 말을 이어갑니다.

"간단히 말해 자신의 마음을 활용하고 이를 긍정적인 방향으로 조정해서 스스로 동기를 부여하는 것이라고 할 수 있습니다. 이 방법의 핵심은 타인과 자기 자신을 향한 선한 바람을 떠올리는 것입니다. 즉 의식적으로 다른 사람들이 잘되기를 바라기만 하면 됩니다. 한 번 해 보세요. 한 번에 약 5분씩, 하루에 두 번 해 보십시오."

차차 고요함에 젖어 들면서 마음의 준비를 합니다. 많은 이들이 시간을 투자해 몸을 탄탄하게 가꾸듯이 마음도 가꾸고 훈련하십시오. 불교의 이 수행법에서는 자비를 적극적으로 훈련할 것을 매우 강조합니다. 모름지기 승려라면 모든 행위를 선한 생각으로 채색하는 것이 당연한 의무입니다. 매일 아침, 매시간, 매 호흡에 자비를 행할 기회가 새로이 주어집니다. 이 기회를 놓치지 않고 활용하면 자비심은 일상생활에 스며들어 구체적인 모습으로 형상화됩니다.

쌀쌀한 저녁 공기가 맞아 주는 바깥으로 나가는 길, 지그메이는 계속해서 이야기합니다.

"이러한 연습을 주기적으로 하면 살면서 언젠가는 아주 유용하게 쓰일 새로운 체계가 마음속에 자리 잡을 것입니다. 그러면 삶이 한층 단순해지고, 자신은 물론 다른 사람도 기분이 좋아지며, 부정적인 감정을 전보다 거뜬히 감당해 낼 힘이 생기지요."

한 승려가 고개를 숙인 채 걷기 명상을 하며 우리 곁을 지나쳐 갑니다. 그런가 하면 몇 미터 밖에서는 한 무리의 승려들이 우리의 존재를 조금도 의식하지 않은 채 시끌벅적 이야기꽃을 피우고 있습니다. 그들은 개중에 나이 많은 승려 한 명을 중심으로 삼삼오오 모여 있습니다. 나이 많은 승려는 손에 무언가를 쥐고 있습니다. 해가 져서 어둑어둑해진 저녁 시간, 휴대전화 화면에서 나오는 불빛이 승려들의 얼굴을 환히 비춥니다. 그 모습은 마치 반짝이는 보물을 내려다보고 있는 것 같습니다.

사원에는 어둠이 짙게 드리우고, 우리 가족은 휴대전화를 손전등 삼아 임시 숙소로 돌아가는 길을 찾습니다. 그때 개 한 마리가 내 다리 옆을 조용히 스쳐 지나가고, 나는 흠칫 놀라 움츠러듭니다. 그리고 1분쯤 지났을까, 첫 번째 개 짖는 소리가 어스름 속으로 울려 퍼집니다. 그러자 곧바로 저 멀리서 응답하듯 개 짖는 소리가 들려옵니다. 정말이지 오늘 밤은 잘 자고 싶었는데 말이지요.

일상 속 마음챙김

마음챙김이란 의식적으로 존재에 집중하는 능력을 기르는 것을 뜻합니다. 그리고 나는 삶을 순간의 연속으로 바라보면 새로운 시각을 얻을 수 있다고 생각합니다. 각 순간에는 저마다 고유한 의미가 담겨 있습니다. 매 순간을 의미 있게 바라보고 알아차리면 무의식적이고 습관적으로 지나쳐 가던 순간들이 생생한 현실로 다가옵니다. 마음챙김은 일상에 오묘한 차이를 만들어 낼 뿐 아니라 일인칭 시점에서 벗어난 감각을 선사하는 또렷하고 순수한 각성 상태입니다.

7월의 어느 날, 우리 가족은 스웨덴 남부 블레킹에 주에 와 있습니다. 하루하루가 지중해풍의 우아한 속도로 한가로이 흘러갑니다. 여름 별장의 현관 계단 앞 푸른색 절굿대 위로는 호박벌들이 윙윙거리며 이리저리 날아다니기 바쁩니다. 벌이 몇 마리인지 셀 수도 없을 지경입니다. 정원에서 나는 온갖 자연의 소리가 활짝 열어 둔 현관문을 통해 안방으로 흘러들어 옵니다.

나는 달그락거리며 설거지를 하다가 문득 설거지도 여러 가지 방식으로 할 수 있겠다고 생각합니다. 누군가는 오로지 이 일을 얼른 해치우고 다음 일로 넘어가야겠다는 생각으로 하겠지요. 또 가족 구성원 가운데 설거지를 맡은 사람이 이번이 자기 차례인지 아닌지를 확실히 알고 하는 경우라면 설거지는 집안일을 공정하게 배분했음을 보여 주는 척도로 볼 수도 있겠지요. 한편 설거지가 시간 낭비에 불과한 무의미한 행위, 즉 단순히 목적을 위한 수단이라고 여긴다면 부정적인 태도로 할 수도 있을 것입니다.

그 외에 설거지를 이보다 재미있게 하려면 제대로

주의를 기울여서 하는 방법도 있습니다. 이것은 개수대에 물이 차오르는 소리에 귀를 기울이거나, 주방 세제의 향기를 맡거나, 피부에 닿는 물의 온도를 느끼는 등 지극히 평범한 행동만으로도 가능합니다. 물론 설거지하는 방식이라기에는 조금 유별난 구석이 있습니다. 하지만 이러한 방식은 일말의 부정성도 내포하지 않으며, 원한다면 얼마든지 뜻깊게 보낼 수 있는 시간 일부를 연기처럼 날리게 되는 '무작정 서두르기' 방식과는 정반대의 결과를 가져옵니다.

성급하게 행동하는 사람은 마음이 이미 저 멀리 미래에 가 있거나, 과거에서 벗어나지 못했거나, 혹은 그저 존재의 그림자에만 머물러 있을 뿐입니다.

한 선불교 승려의 경험담에 따르면 차 한 잔을 마시는 단순한 행위를 하더라도 그 순간에 오롯이 집중하면 외로움이 사라진다고 합니다. 또 무언가 일상적인 활동을 할 때 올바른 의도를 품고 그 순간을 알아차리면서 수행하면 스트레스와 불안 수준이 27퍼센트 감소한다는 연구 결과도 있습니다. 이러한 이야기를 접하고 영감을 받은 나는 하루하루 일상을 탐구해 보기로 마음먹었습니다.

몇 주간의 휴가를 보내는 동안 거의 매일같이 설거지를 도맡아 하다 보니 설거지라는 행위의 세세한 요소 하나하나에 점점 더 집중하게 되면서 갈수록 마음이 차분해지는 것을 느꼈습니다. 이에 더해 설거지라는 작업 자체의 구성 요소는 그 경험의 결과에 별다른 영향을 미치지 않는다는 사실도 깨달았습니다.

온 가족이 조그마한 별장에만 틀어박혀 지내다 보면 지저분한 접시가 많이 나오기 마련입니다. 게다가 쓸 수 있는 온수의 양은 제한되어 있고 주방 공간도 비좁습니다.

나는 곧바로 물건들을 정해진 자리에 놓고, 설거지에 관한 명확한 규칙을 세웠습니다. 식탁과 조리대 등 주변의 상판은 말끔하게 유지했고, 각각의 행위를 날마다 정확히 똑같은 방식으로 차분하게 수행했습니다. 즉 여기서 핵심 요소는 반복이었습니다.

나는 내 앞에 놓인 설거짓거리의 양에 절대 매몰

되면 안 된다는 사실을 깨달았습니다. 산더미같이 쌓인 접시를 보고 지레 겁을 먹었다가는 하기 싫은 마음이 곧바로 피어나 몸집을 쑥쑥 키웠기 때문입니다. 그러면 이내 부정적인 감정이 올라왔고, 설거지하는 과정보다는 설거지를 끝마쳤다는 결과가 훨씬 더 중요하게 느껴졌습니다. 접시 더미가 얼마나 높이 쌓여 있든 관계없이 설거지의 체계와 방법은 변함없이 유지해야 했습니다. 존재의 감각은 오로지 행위의 구성 요소, 즉 과정에서만 찾을 수 있습니다. 처음에는 접시 하나하나가 얼룩덜룩하고 더럽지만, 접시를 살살 매만지며 물을 약간 뿌려 주면 얼룩이 어느새 녹아내려 접시가 다시 깨끗하고 눈부시게 반짝입니다. 이렇게 하나를 깨끗이 씻고 나면 씻은 그릇은 마르도록 두고 다음 그릇으로 넘어가면 됩니다.

속상하고 화가 나거나 어떤 감정이 올라온 탓에 마음이 불안하게 요동쳐서 생각과 감정을 분리하기 어려운 순간에 일상에서 이러한 수행을 하면 부정적인 감정을 곱씹는 버릇을 떨쳐 버릴 수 있습니다. 빨래를 개거나, 소지품을 정리하거나, 다음 주 일정을 짜거나, 설거지를 하십시오. 해야 할 일이 명확하고 단순할 때는 마음이 매우 평온해집니다. 일상의 단순한 행위에 오롯이 집중하면서 그 순간에 머무르면 자기 안에서 평화를 이루고 고요하고 평온한 생활로 되돌아갈 수 있습니다.

모든 식기를 말끔히 씻고 나니 기분이 좋아졌습니다. 그 순간 나는 온전히 현재에 머물러 있었습니다. 상황의 통제권을 내가 쥐고 있었고, 설거지하는 과정 하나하나가 내가 불안정한 사고 패턴과 감정적 방황에 빠지지 않도록 나를 지키고 보호해 주었습니다. 정신없이 바쁘게만 돌아가던 삶의 주도권이 내게로 돌아온 듯했지요. 또 설거지를 마친 시점에 어떠했는지도 주목할 만한 중요한 부분이었습니다. 사실상 설거지의 끝맺음이란 거의 없는 것이나 다름없게 느껴졌고, 설거지할 때 느낀 생생한 존재의 감각은 내가 설거지를 마치고 나서 수행한 다른 활동에까지 스며들었습니다.

모든 것이 의식적인 실재로 바뀌었습니다. 거기에

는 시작도, 끝도 없었습니다. 달리 말하면 설거지를 즐겁게 여길지 아니면 귀찮게 여길지는 내가 스스로 선택할 수 있었습니다.

사람들이 저마다 마음에 품고 있는 '스스로 선택할 수 있다'라는 믿음은 내가 무척 좋아하는 불교 사상의 근본적인 교리입니다. 선택이란 긍정적인 것과 덜 긍정적인 것, 선한 것과 덜 선한 것, 사랑과 사랑의 부재 가운데 하나를 고르는 일입니다. 물론 설거지는 사소한 일이고, 인생의 모든 측면에서 이러한 선택을 내리기가 언제나 쉽다고 말하려는 것은 아닙니다. 인생에는 절망만이 유일하게 건강하고 적절한 반응인 순간도 있습니다. 그러나 자기 마음의 소리에 충분히 귀를 기울이고, 내면의 계획에 대한 저항이나 걸림돌로 느껴지는 감정에 기꺼이 머무르고자 하면 그러한 감정 경험과 우리의 잠재적인 반응 그리고 남은 감정 상태 사이에 새로운 접점이 생겨납니다.

사람은 누구나 일상생활에서 어떤 형태로든 고통을 마주하므로 아주 사소한 일 하나만으로도 내면에 강력한 감정의 소용돌이가 일어날 수 있으며, 그 순간 우리는 자신의 반응을 완전히 통제하지 못합니다. 그것은 자연스러운 일입니다. 하지만 그다음 단계에서는 스스로 선택할 기회가 있습니다. 변화를 향해 나아가는 여정의 동반자로서 자비와 수용을 맞아들인다면 눈앞의 현실을 인지하고 기꺼이 책임질 준비가 될 것입니다. 그렇게 하면 설거지처럼 단순한 일조차 일종의 치유 행위가 될 수 있습니다.

숨 쉴 틈

"숨을 못 쉬겠어요."

내가 진행하는 요가와 명상 수업에 참여하는 한 수강생이 말했습니다. 임상적으로 말하자면 당시 상황은 응급 상황과는 거리가 멀었고, 수강생은 당연히 숨을 쉴 수 있었습니다. 그러나 이 수강생의 호흡이 얕아서 도무지 시원스럽지 않았고, 일부러 애써 숨을 깊게 몰아쉬어야만 겨우 몸이 편안해진다는 사실만은 진짜였습니다. 그는 이와 같은 증상을 오랫동안 겪었고, 호흡의 불편함은 급기야 하나의 문제로 불거졌습니다. 우리가 자신의 존재를 알아차리고 있을 때든 아닐 때든 호흡은 무의식적으로 이루어집니다. 일상에서 '내가 지금 숨을 쉬고 있구나.'라고 의식하는 순간은 얼마 되지 않습니다. 그러나 호흡에 대한 통제력을 완전히 잃어버린 채 빠르게 들이마시고 내쉬는 것이 습관이 되면 스트레스를 받을 위험이 커지며 숨이 가빠서 답답한 느낌이 온몸을 가득 메우게 됩니다.

지금 여러분이 읽고 있는 이 책과 비슷한 부류의 책들이 하나같이 호흡의 중요성을 거의 귀가 따가울 만큼 부르짖으며 호흡이 우리의 내적 자원이자 스트레스 해소제임을 강조하는 데는 그럴 만한 이유가 있습니다. 적절히 조절된 호흡은 뇌에 긍정적인 영향을 미치며, 특히 심호흡은 미주신경을 통해 몸에 긴장을 풀고 진정하라는 신호를 보냅니다. 요가 수행자들은 먼 옛날부터 이러한 호흡법을 실천해 왔는데, 우리도 호흡 기법을 몇 가지 익혀 두면 일상에서 스트레스 상황을 마주했을 때 훨씬 효과적으로 대처할 수 있습니다.

무척 간단해서 글만 읽고도 이해할 수 있는 진정 호흡 지침을 한 가지 소개하겠습니다. 이 책을 찬찬히 읽어 나가는 동안 호흡할 때마다 숨을 조금씩 더 깊게 들이마시고 내쉬어 보십시오. 숨을 코로 쉬든 입으로 쉬든 관계없이 호흡이 우리 몸에 미치는 영향을 실감할 수 있을 것입니다. 이번 단락을 끝까지 읽고 나서는 다음 지침을 반복해서 시행하도록 합니다.

폐 용량의 삼 분의 일만큼 숨을 들이마시고 잠깐 멈춥니다. 그러고 나서 다시 삼 분의 일만큼 더 들이마십니다. 마지막 삼 분의 일까지 마저 들이마셔서 폐가 완전히 부풀어 오르면 잠시 숨을 참습니다.

그런 다음 숨을 들이마실 때와 마찬가지로 한 번에 삼 분의 일씩 숨을 내쉬어서 단계적으로 폐를 완전히 비웁니다. 몸은 최대한 긴장을 푼 상태로 유지하고, 위 호흡법을 3~4회 반복해서 시행합니다.

나는 평상시 혹은 명상할 때는 보통 분당 6~7회씩 호흡하는 반면 스트레스를 받았을 때는 분당 15~25회씩 호흡합니다. 숨을 천천히 차분하게 쉬면 호흡이 몸을 빠르게 들락날락하는 움직임이 아니라 깊고 묵직한 파형처럼 느껴집니다. 호흡의 각 부분은 내 몸과 마음 모두에 뚜렷한 영향을 미칩니다. 차분하고 깊게 호흡하면 때를 막론하고 거의 언제든지 고요를 경험할 수 있지요. 그러한 호흡은 그 자체로 하나의 명상 기법이 되기도 합니다. 바로 '반사 명상reflex meditation'이지요. 갑작스럽게 스트레스와 불안이 찾아올 때면 나는 반사적으로 심호흡을 하는 데 집중합니다. 운동선수가 결정적인 순간에 특정 상태에 도달하기 위해 트리거를 사용하듯, 우리도 스트레스를 일상 자극제로 삼아 스트레스가 올 때마다 호흡을 진정시키는 데 정신을 집중할 수 있습니다. 나는 이 방법 덕분에 부정적인 것을 긍정적으로 바꾸는 데 익숙해졌습니다. 스트레스를 받을 때마다 실험 삼아 반사적으로 명상하기 시작한 지 몇 달이 지나자 이제 내가 미처 의식하지 못하는 사이에 이미 명상이 시작되어 있었습니다. 스트레스라는 자극에 고요라는 반응이 반사적으로 뒤따른 것이지요.

힐러리 클린턴Hillary Clinton은 2017년 한 생방송 인터뷰에서 자신이 2016년에 미국 대통령 선거를 치르고 결국 패배하기까지 정신없이 보내던 그 시기에 '교대 호흡법alternate nostril breathing'을 실천한 덕택에 침착함을 유지하고 마음의 안정을 얻었다며 열띤 목소리로 이야기했습니다.

"요가 매트 위에 양반다리를 하고 앉아서 숨을 깊게 들이마시고 잠시 참았다가 길게 내쉬면 몸의 긴장이 풀려서 아주 편안해집니다."

힐러리 클린턴이 언급한 호흡법은 산스크리트어로 '나디 쇼다나Nadi Shodana'라고 하는 교대 호흡법입니다. 교대 호흡법은 한 손으로 콧구멍을 한쪽씩 막아 공기가 양쪽 콧구멍에 번갈아 드나들게 하는 기법입니다. 이는 심박수와 혈압을 낮추는 진정 효과가 있다고 알려져 있습니다. 이토록 간단한 호흡 기법이 대중에게 널리 알려진 것은 참으로 잘된 일입니다. 비록 회의론자들은 눈살을 찌푸리면서 호흡 기법이란 무의미하며 한때의 유행에 불과하다고 주장하지만, 실로 무수히 많은 수행자가 호흡 명상을 통해 눈에 보이지 않더라도 소중한 만족감을 얻었으며 이로 인해 평온함과 자신감을 되찾았다고 입을 모읍니다. 숨은 몸과 호흡의 고요를 향해 나아가는 관문입니다. 언제부터인가 숨을 자기 뜻대로 조절하지 못하게 된 사람에게도 조화로운 호흡을 되찾을 기회는 열려 있습니다. 안정된 호흡은 흔들림 없는 고요로 향하는 첫걸음입니다.

나디 쇼다나

먼저 편안한 자세로 앉거나 눕습니다. 오른손 검지와 중지를 엄지 아래쪽으로 구부리세요. 그런 다음 오른손 엄지로 오른쪽 콧구멍을 막습니다. 왼쪽 콧구멍으로 숨을 최대한 깊게 들이마신 뒤 곧바로 약지와 새끼손가락으로 왼쪽 콧구멍을 막습니다. 엄지에는 힘을 풀고 오른쪽 콧구멍으로 숨을 내쉽니다. 그런 다음 오른쪽 콧구멍으로 숨을 들이마시고, 곧바로 오른쪽 콧구멍을 엄지로 막은 뒤 이번에는 왼쪽 콧구멍을 열어 숨을 내쉽니다. 이 과정을 양쪽에 적어도 다섯 번씩 반복해서 시행합니다.

마음의 파도를
의연하게 받아들이기

일상을 살아가다가 문득 나 자신의 파괴적인 모습에서 벗어나 안전지대에 와서 멈추어 설 때면 마치 영화관 뒷줄에 앉아 스크린에 투영된 내 생각과 감정을 보는 듯한 기분이 듭니다.

영화는 때에 따라 흥미진진하기도 하고 상당히 지루하기도 합니다. 영화는 주로 나의 행복한 순간을 비추고, 그러면 나는 내심 이 행복한 장면이 언제까지고 끝나지 않기를 바랍니다. 그런가 하면 영화가 극심한 불안감이나 불편한 감정을 일으키는 장면으로 불쑥 전환되는 바람에 누군가가 이 기분 나쁜 영화를 어서 꺼

췄으면 좋겠다고 생각할 때도 꽤 자주 있습니다. 어쨌거나 영화는 에피소드에 에피소드를 더하며 무한히 진행되므로, 나는 행복한 장면이든 불행한 장면이든 시간이 지나면 자연히 지나가리라는 사실을 깨달았습니다.

명상은 내면의 자아를 안정시키는 작업입니다. 여기서 안정이란 마음 상태가 고정되어 조금도 흔들리지 않는다는 의미가 아니라 사람의 마음이 본래 활발하게 변화한다는 사실을 이해하고 받아들였다는 의미에서 안정적임을 뜻합니다. 우리는 설령 갑작스러운 장면 전환이 일어나더라도 평정심을 유지할 수 있으며, 특정 영화 장면에 갇혀 그것만 하염없이 재생하는 대신 이를 자연스럽게 흘려보낼 수 있습니다. 세상이 무너지는 것 같은 기분을 느끼지 않고도 긍정적인 상황과 부정적인 상황 모두에서 안정적으로 명료한 정신을 유지할 수 있지요. 또 감정이 일어났다가 사라지는 메커니즘 역시 몸소 체험할 수 있습니다.

트라피스트회 수사 토머스 머튼Thomas Merton이 말했듯이 "명상 생활의 독특한 법칙 가운데 하나는 문제가 발생했을 때 소매를 걷어붙이고 앉아 이를 해결하려고 들지 않는다는 점입니다. 어떻게든 문제가 저절로 해결될 때까지 그저 인내할 뿐이지요."

왜냐하면 감정이 우리를 꽉 붙들어 쥐고 이리저리 휘두를 수 있기 때문입니다. 이런 일은 우리가 원하든 원하지 않든 일어나지요. 또 감정은 변하는 속성이 있습니다. 그것도 끊임없이 변화하지요. 함께 시험해 볼까요? 여러분의 의식에 떠오르는 어떤 생각이나 감정에 주목해 보십시오. 그리고 그 생각이나 감정을 놓치지 말고 오랫동안 따라가 봅니다. 이렇게 하나의 생각을 붙들고 있다 보면 어느새 감정과 감정 사이에 새로운 접점과 틈이 생겨나 금세 자신의 행위를 보는 관점이 바뀌는 것을 느낄 수 있습니다.

며칠 전 이메일을 한 통 받았습니다. 이미 근무 시간이 끝난 지 오래였던지라 나는 지금 읽을까 아니면 내일 읽을까 잠시 고민했습니다. 결국은 바로 읽기로 했지요. 이메일은 짤막했지만, 말투에 어딘지 모르게 거슬리는 구석이 있었습니다. 묘한 단어 선택과 퉁명스럽고 약간은 차갑기까지 한 문체를 보자 내 안에서 일련의 감정이 부글부글 끓어올랐습니다. 이메일은 업무 관련 내용이었고 그날 있었던 회의에 관한 이야기를 담고 있었습니다. 그 메시지는 내 마음에 동요를 일으켰고 방어적인 태도를 불렀습니다. 솔직히 말하면 타오르는 분노가 잠시 내 마음을 지배했습니다.

그 순간 나는 통제력을 잃고 온갖 추측과 상상의 수렁으로 서서히 빠져들었습니다. 감정에 이끌린 나머지 성급하고 과격하고 직접적인 행동을 취하려는 욕구에 사로잡혔지요. 머릿속에는 감정을 표출하는 날 선 단어들과 이를 다듬은 문장들이 떠올랐습니다.

그러다 문득 에이브러햄 링컨^{Abraham Lincoln}이 사용했다던 방법이 내 머릿속을 스쳤습니다. 링컨은 나와 비슷한 상황을 마주했을 때 일명 '분노의 편지^{hot letter}'를 썼다고 합니다. 그는 그 순간에 자기가 느끼는 모든 감정을 날것 그대로 빠짐없이 적어 내려갔습니다. 그러나 정작 편지를 보내지는 않았습니다. 그 대신 편지를 어디 한구석에 둔 채 가만히 기다렸지요. 링컨은 분노라는 감정을 부정하거나 억누르지 않고 수용하면서도 분노가 사그라들기 전까지는 일단 다른 방향으로 향하도록 두었습니다. 이튿날 링컨 대통령은 좀 더 심사숙고해서 새로이 편지를 쓰고 이 편지를 부쳤습니다. 첫 번째 편지와 두 번째 편지 모두 그의 내면에서 나왔지만, 두 번째 편지에 쓰인 말은 첫 번째 편지에 쓰인 말과는 다른 곳에서 우러나온 것이었지요. 이처럼 링컨이 실천했다는 분노의 편지 쓰기는 인상적인 자기 성찰 연습이라고 할 수 있겠으나, 혹여 첫 번째 편지를 그대로 부쳤다면 모르긴 몰라도 치명적인 결과를 맞이했을 테니 꽤 아찔한 방법이기도 했습니다.

다시 한번 강조하겠습니다. 감정은 우리를 완전히 사로잡아 뒤흔들 수도 있지만 계속해서 변화하기도 합니다. 감정은 난데없이 불쑥 솟아납니다. 바다 한가운데서 솟아 밀려왔다가 해변에 닿아 부서지고 다시 원래 자리로 돌아가는 파도와 같지요. 이제 감정을 고립된 일부분으로만 인식할 수는 없을 것입니다.

가만히 앉아서 아무것도 하지 않고 있으면 마음의 해변으로 밀려오는 수많은 파도를 느낄 수 있습니다. 또 그만큼 많은 파도가 바다로 쓸려 가서 수면 아래로 되돌아가지요. 이러한 감정의 파도가 잠시 멈추는 지점은 갈수록 선명해지고, 우리는 내면 깊은 곳의 중심을 느낌으로써 고요를 경험합니다. 마음의 중심을 외면하는 대신 이를 향해 몸을 돌려 감정을 마주하면 우리는 거기 있는 감정들이 이내 다른 새로운 감정으로 변화하고, 그 새로운 감정 역시 곧 또다시 변화하리라는 것을 알 수 있습니다.

어쩌면 여러분은 이제 더는 감정적으로 행동하지 말아야겠다고 다짐할지도 모릅니다. 하지만 그것은 잘못된 생각입니다. 감정은 엄연히 인격을 구성하는 요소입니다. 그러니 당연히 이전과 마찬가지로 계속해서 즐거워하고, 비통해하고, 웃고, 장엄한 음악을 들으며 온몸에 소름이 끼치는 것을 느끼고, 흘러넘치는 사랑을 누리며 행복해해도 괜찮습니다. 다만 구태여 감정 하나하나에 연연하며 끌려다닐 필요는 없다는 뜻입니다. 우리는 선택할 수 있습니다. 이 사실을 깨달으면 일상이 한결 수월해질 것입니다. 마음이 이런 식으로 더욱 안정을 찾으면 설령 달갑지 않은 감정이 찾아오더라도 이를 발판으로 삼아 지속적인 안정감, 신뢰, 기쁨으로 나아갈 수 있습니다.

일상생활의 변화

조부모님 댁 주방의 높다란 선반 위에는 커다란 하얀색 조개껍데기가 놓여 있었습니다. 조개껍데기 입구에 귀를 갖다 대면 꼭 파도가 해변으로 밀려와 조개껍데기 표면에 자신의 흔적을 새기는 듯 커다란 소리가 들렸습니다. 스코네 남부에 있는 조부모님 댁에 갈 때면 나는 어김없이 까치발을 들고 선반 위의 조개껍데기를 향해 손을 뻗었습니다. 바닷소리를 들을 생각에 부푼 가슴을 안고서요. 조개껍데기에서 들려오는 소리는 듣고 또 들어도 놀라웠습니다. 조개껍데기 안에서 쏴 울려 퍼지는 소리를 듣고 있노라면 폭풍우가 몰아치고 수평선이 보이지 않을 만큼 거센 파도가 일면서 장엄하게 포효하는 바다가 떠올랐습니다. 귀가 먹먹해질 만큼 한결같은 소리가 내 귓구멍으로 흘러들어 와 귓속뼈를 울렸지요. 나중에 조개껍데기에서 왜 이런 소리가 들리는지 알게 된 후에도 나는 이 소리에 마음을 온통 빼앗겼습니다. 모든 것이 그야말로 고요해지는 순간의 경이로움에 몇 번이고 속절없이 빠져들었지요. 고요는 정적이 흐르는 곳뿐만 아니라 소리가 귓전을 울리는 곳에도 존재했고, 당시 나는 좀처럼 가만히 있지 못하는 아이였기에 오히려 시끄러운 곳에서 고요의 소리를 더 쉽게 들었는지도 모르겠습니다.

어린아이에게는 다음 단계라는 것이 필요하지 않습니다. 모든 일이 일어날 때가 되면 일어나고, 삶에서 벌어질 만한 일이 벌어질 뿐 별다른 의미는 없습니다. 하지만 어느 순간 놀이는 한층 진지한 게임으로 변하고, '지금 여기'에 머무르는 아이의 능력은 금세 자취를 감추어 버립니다. 언제나 외부 세계와 연결 상태를 유지하고 있는 오늘날, 사람들은 오히려 그 어느 때보다 '지금'에서 강렬하게 멀어지고 있습니다. 실로 현대인은 현실과 이어지기는커녕 완전히 단절되는 과정을 밟고 있는 듯합니다.

이러한 사실은 약 1년 전, 결과적으로는 내가 상상하지도 못한 커다란 영향을 미치게 되는 조그마한 변화를 일으키기로 마음먹었을 때 분명하게 다가왔습니다. 여느 사람들과 마찬가지로 나도 디지털 세계에 접속해 있을 때가 많고, 이것은 다양한 방식으로 보람과 즐거움을 가져다줍니다. 그러나 디지털 플랫폼 운영자들이 뇌의 보상 체계에 있는 여러 가지 자극 요인을 이용해 사용자가 특정 방식으로 행동하도록 유도한다는 사실을 알면 알수록 나는 이전보다 한층 조심스러워졌습니다. 디지털 세상은 사용자가 무엇이든 자유롭게 선택할 수 있다는 환상을 심어 주지만, 사실상 우리 뇌는 우리가 알아차리지도 못하는 사이에 납치당하고 있습니다. 지능형 인터페이스와 똑똑한 행동과학자가 손잡으면 거대한 디지털 플랫폼에서 일어나는 사용자의 행동은 대부분 이미 결정된 대로 흘러갑니다. 겉으로는 자유로워 보이는 선택이 실제로는 우리의 행동을 제약하는 족쇄가 되는 셈이지요. 그러나 문제는 이뿐만이 아닙니다. 사용자가 자신이 내린 결정에 매번 만족하지 못한다는 점도 문제이지요.

미국에서 진행된 여러 연구에 따르면 사람들은 하루에 휴대전화를 4.7시간씩 사용하고, 그 가운데 몇 시간은 주요 소셜 미디어 플랫폼에서 보냅니다. 미국의 비영리 단체인 인도주의 기술 센터Centre for Humane Technology에서 주관한 또 다른 연구에서 20만 명의 참가자를 조사한 결과, 응답자의 절반 이상이 자신의 자발적인 선택에 따라 디지털 플랫폼에서 시간을 보낸 방식에 만족하지 못하는 것으로 드러났습니다. 사용자가 자기 손으로 직접 내린 선택은 좀처럼 고치기 어려운 행동 습관을 형성했을 뿐만 아니라 설상가상으로 자기비난으로까지 이어졌습니다. 우리는 욕구를 충족한 후에도 멈추지 못하고 계속해서 시간을 소모합니다. 교묘한 설계에 꼼짝없이 속아 넘어가지요. 그럴수록 지금,

이 순간과는 점점 더 단절됩니다. 생생한 존재의 감각도 갈수록 희미해집니다.

나는 집에 있을 때 디지털 세상과 떨어져 지내는 시간대를 정해 두기로 했습니다. 두뇌 근육을 쉬게 해 주는 이른바 '미디어 금식' 시간이지요.

그러자 가장 먼저 일어난 변화는 내가 행위^{doing}와 존재^{being} 사이의 전환에 더욱 주의를 기울이게 되었다는 점입니다. 이는 외부 환경과 내면세계 사이의 전환이지요. 집에 돌아왔을 때 나는 바깥세상과의 경계를 명확히 설정하고, 잠시 멈추어 서서 주의를 분산시킬 만한 요소들을 한쪽으로 치워 두고 싶었습니다. 그리하여 나는 '아무것도 안 하기' 활동을 시작했습니다. 이를테면 편안한 안락의자에 앉아 잠시 이런저런 생각에 잠기는 것이지요. 간단히 말해 지나간 하루를 돌아보고 정리하는 시간이라고 할 수 있습니다. 때로는 이 시간에 그동안 좀처럼 떨치지 못했던 생각의 결론을 내리고 마침표를 찍기도 했습니다. 한편 가족과 함께 보내는 시간에 다른 곳에 정신 팔리지 않고 온전히 집중할 수 있도록 마음을 가다듬기도 했지요.

이렇게 몸과 마음 모두 온전히 귀가하는 것과 정신을 반쯤 바깥세상에 남겨 둔 채 돌아오는 것에는 엄청난 차이가 있습니다. 혹여 여러분에게 자녀가 있다면 아이들은 여러분이 자신의 이야기를 듣는 태도부터 달라졌다는 사실을 눈치챌 것입니다.

이보다 중요한 생활 습관의 변화는 이른 저녁에 휴대전화와 컴퓨터의 전원을 끄고 다음 날 아침이 되어서야 켜기 시작했으며, 침실에는 어떤 전자기기도 들이지 않았다는 것입니다. 전자기기 없는 침실을 만들기 위해 나는 아날로그 알람 시계를 구매했습니다. 그렇습니다. 놀랍게도 아날로그 알람 시계는 지금도 여전히 존재하고, 흠잡을 곳 하나 없이 잘 작동합니다.

효과는 즉각적으로 나타났고 놀라운 수준이었습니다. 손에서 디지털 기기를 내려놓자 측정하기 힘들 만큼 엄청난 양의 시간이 자유로이 풀려났습니다. 나는 그간 디지털 기기를 사용하는 시간이 내 자유 시간을 얼마나 많이 잡아먹었는지 알지 못했지만, 기기를 손에서 내려놓은 후에도 한동안은 디지털 세상에서 본 것들을 생각하느라 정신적으로 상당히 많은 시간을 빼앗겼다는 사실 또한 미처 깨닫지 못했습니다.

이제 누군가가 내게 전화를 걸어도 더는 그들에게 기다려 달라고 말하거나 짜증스러워할 필요가 없었습니다. 계획 실행 초반에는 여전히 무의식적으로 휴대전화를 사용하려는 충동이 분명히 나타났습니다. 휴대전화로 무엇을 하려고 했는지도 모른 채 무작정 휴대전화를 향해 손을 뻗었지요.

밤에 전자기기 없이 잠자리에 들자 책을 읽고 싶은 욕구가 되살아났습니다. 책 읽기도 스마트폰을 만지작거리는 행동과 마찬가지로 심심함을 달래 주지만, 이는 끝도 없이 인터넷 스크롤을 내리는 것과는 차원이 다릅니다. 책은 마지막 장이 있고 분량이 한정되어 있습니다. 반면 인터넷 세상에서는 콘텐츠가 끝도 없이 무한정 이어집니다. 스마트폰을 내려놓고 책을 읽으니 이제 나는 무언가를 끝마쳤다는 뿌듯한 기분으로 스트레스 없이 행복하게 하루를 마무리할 수 있었습니다. 디지털 기기가 떠난 자리에는 다시금 창의성이 찾아와 꽃을 피웠습니다. 마땅히 할 일이 없는 시간이 길어질수록 아이디어는 점점 더 많이 떠올랐지요. 마치 할 일이 아무것도 없던 어린 시절로 돌아간 것만 같았습니다. 그 시절 여느 어머니들과 마찬가지로 우리 어머니도 하늘에 구름만 걷히면 아이는 밖에 나가 놀아야 유익하다는 확고한 신념을 가지고 계셨습니다. 나는 틈만 나면 우리 가족이 살던 동네 거리를 이리저리 돌아다니고, 길가에 앉거나 주변을 어슬렁거리며 친구가 나타나기를 기다렸습니다. 지루함은 내가 할 수 있는 최고의 경험 중 하나였습니다.

지루함은 창의성으로 나아가는 발판입니다. 이는 영국의 한 연구에서 내린 결론입니다. 연구진은 참가자들에게 누가 봐도 따분한 과제를 수행하게 했습니다. 예를 들면 종이로 된 구식 전화번호부를 읽는 것이었지요. 지루한 과제를 다 수행하고 나면 참가자들은 평범한 플라스틱 컵 한 개를 가지고 무엇을 할 수 있을지 아이디어를 최대한 많이 생각해 내야 했습니다. 그 결과 지루한 과제를 수행한 실험 집단이 그 과제를 수행하지 않은 통제 집단보다 훨씬 더 창의적인 아이디어를 떠올렸다고 합니다.

또 다른 연구에서는 지루함을 느끼는 사람이 이타적인 특성을 더 쉽게 발달시킨다는 증거를 발견했습니다. 연구 참가자들은 무료한 상태에서 덧없음을 느꼈습니다. 이처럼 삶이 지루해서 무의미하다는 생각이 들 때 사람들은 헌혈하거나 자선단체에 돈을 기부하는 등 이타적인 행동을 통해 삶에 다시 의미를 부여하고자 했습니다.

(**손에도
휴식을**)

우리 손은 일상생활에서 쉴 새 없이 바쁘게 움직입니다. 아무리 기술이 발전했다고 해도 휴대전화와 컴퓨터를 조작하려면 여전히 무언가를 클릭하거나 자판을 누르는 등 손을 움직여야 하며, 누워서 화면만 보려고 해도 손으로 전자기기를 잡아 지탱해 주어야 합니다. 손을 가만히 두지 못하고 자꾸 움직인다면 스트레스나 불편감을 겪고 있다는 신호일 수 있습니다. 내가 본 바에 따르면 사람들은 명상을 시작하는 시점에 유독 몸을 더 자주 긁는 경향이 있었습니다. 우리 손에도 휴식이 필요합니다.

개별적인 명상 훈련의 하나로, 양손을 무릎 위에 올려놓고 힘을 완전히 뺀 채 손의 가뿐한 무게와 손과 다리가 접촉하는 면의 감각을 느껴 보십시오. 우리는 손의 휴식을 통해 고요를 향해 나아갈 원동력을 얻고 바쁘게 수행하던 행위를 확실하게 멈출 수 있습니다. 손을 쉬게 할 때는 각 손의 엄지와 검지를 모아 보십시오. 이 동작은 두 손가락 끝이 살짝 맞닿은 것만 느껴질 정도로 가볍게 해야 합니다. 맞닿은 손가락의 감각에 집중하며 한동안 그대로 유지하세요. 힘을 주어 꾹 눌러도 안 되고, 반대로 힘을 지나치게 풀어 손가락이 서로 떨어져도 안 됩니다.

매일 잠깐씩이라도 손을 쉬게 해 주면 어떨까요?

귀 기울여 듣기

하던 일을 잠시 내려놓고 멈추는 능력을 기르기 시작하면 고요하게 숨을 고르는 찰나의 틈을 점차 일상의 모든 활동으로 넓혀 갈 기회가 열립니다.

그러한 기회 가운데 하나는 새로운 방식으로 듣는 법을 배우는 것입니다. 예를 들어 다른 사람이 내게 무언가를 이야기할 때 한껏 집중하며 귀를 기울이는 것이지요. 오늘날 우리는 다른 사람이 하는 말을 정말로 귀 기울여 듣고 이해하는 대신 상대방이 문장을 채 끝맺기도 전에 그가 무슨 말을 할지 이미 안다는 듯 대답할 말을 준비하느라 분주할 때가 많습니다. 그러나 경청하려면 적절히 침묵해야 합니다.

여러 해 전 대학에서 언어학을 공부할 때 학생 네 명이 조를 지어 대화 연습을 하는 수업이 있었습니다. 나와 다른 남학생 한 명, 여학생 두 명이 각자 자신에게 여름이 어떤 의미인지를 주제로 토론을 벌였지요. 주제 자체는 그리 대단한 것이 아니었지만, 30분에 걸친 대화 내용은 전부 녹음되고 기록으로 남겨졌습니다. 대화 기록에는 우리가 내뱉은 단어 하나하나는 물론이고 "흠", "네", "오", "아하" 같은 감탄사까지 빠짐없이 포함되었습니다.

대화를 마친 후에는 대화문을 분석해야 했는데, 그 과정은 괴롭기 짝이 없었습니다. 우리가 다른 사람의 말에 끝까지 귀 기울이지 않았다는 사실이 확연하게 드러났거든요. 분석 결과 모든 조원이 다른 사람이 말하는 동안 중간중간 감탄사로 추임새를 넣고 "네"라고 대답했지만, 대답의 의미는 저마다 달랐습니다. 때로는 그러한 대답이 상대의 말에 진심으로 동의하고 공감하는 의미였습니다. 말하자면 '당신의 이야기가 흥미롭군요.'라는 뜻이었던 셈이지요. 그러나 대부분은 이 "네"가 오히려 상대의 말을 가로막는 표현으로 쓰였습니다. '알겠으니까 요점만 간단히 말씀하시죠. 이제 내가 더 재미있는 이야기를 풀어놓을 참이니까.'라는 뜻이었지요. 유감스럽게도 상대방의 이야기를 방해한 사람은 대체로 나를 포함한 남학생들이었습니다.

이렇게 대강 듣는 방식 외에 타인의 이야기를 듣는 또 다른 방식으로 '몰입식 듣기'가 있습니다. '몰입식 듣기'란 화자와 눈을 맞추고, 화자가 하는 말에 적극적으로 관심을 보임으로써 화자가 자기 생각을 마음껏 표현하도록 독려하는 듣기 방식입니다. 진정한 대화의 문을 여는 참여형 경청이라고 할 수 있지요. 듣기는 거기서 한층 더 깊어질 수 있습니다. 단순한 듣기에서 그치지 않고 타인의 고통을 덜어 주는 행위가 되기도 하지요. 사람은 누군가가 자신의 이야기를 들어 줄 때 자신을 짓누르는 부담에서 벗어날 마음의 여유가 생깁니다.

청자는 화자가 하는 말에 반드시 동의할 필요는 없으나 적어도 말을 가로막거나 지적하지 않고 너그러이 배려하는 마음으로 경청해야 합니다. 혹여 무슨 좋은 조언이라도 떠올라서 상대방이 말하는 도중에 끼어들어야겠다는 충동이 들더라도 타인의 말을 방해하는 대신 침묵을 지키며 그 순간에 집중하도록 합니다. 여러분의 혀는 쉬게 하고 다른 사람이 하는 이야기를 스펀지처럼 빨아들이십시오. 경청은 말하는 사람에게 긍정적인 치유 효과를 발휘할 수 있으며, 경청의 치유 효과는 때로 좋은 조언이나 지혜보다 낫습니다.

다음번에 자녀 혹은 친구와 대화할 때는 이렇게 해보십시오. 먼저 휴대전화의 전원을 끄고 청자로서 차분한 자세를 취합니다. 화자가 스스로 판단하기에 알맞은 시점에 말을 끝맺을 수 있도록 허용해 주어야 한다는 사실을 기억하세요. 혹여 반드시 대답해야 하는 순간이 있다면 대답하기 전에 잠시 침묵하여 공백을 둡니다. 계속해서 침묵을 유지하며 화자의 이야기를 들으세요.

그들이 하는 말을 똑똑히 들으십시오. 그리고 다시 침묵으로 돌아갑니다.

불교 경전에는 다음과 같은 구절이 있습니다.

"우리는 상대방이 말한 것은 물론 말하지 않은 부분까지 들을 수 있을 정도로 주의 깊게 듣는 연습을 해야 한다. 타인의 이야기에 귀를 기울이는 것만으로도 그의 고통과 괴로움을 상당 부분 덜어 줄 수 있다."

(**멈추기**)

마지막으로 연습을 하나 하면서 1부를 마무리하겠습니다. 어려울 것 없이 그저 내가 하는 말 사이사이의 공백에 조금 더 주의를 기울이기만 하면 됩니다.

침묵에 귀를 기울이십시오. 갈수록 넓어지는 단어와 단어 사이의 공백에서 침묵을 느껴 봅니다.

우리는 이렇게 단어와 단어 사이로 벌어진 틈새에서

침묵

그리고

고요를

발견할 수

있답니다.

자연 속에 머무를 때

②

나무를
감상하다 보면

이리저리 뻗은 가지들, 갈라진 틈으로 얄브스름하게 쌓인 눈, 새로 돋아나서 삐죽 고개를 내민 겨울눈, 버려진 새 둥지까지. 비록 내가 사는 곳은 자연에서 멀리 떨어져 있지만, 나는 우리 집 안뜰에 있는 늙은 단풍나무를 보면서도 깊은 숲속에서나 경험할 수 있을 법한 경이로움을 느낍니다. 흘끗 눈을 돌리면 나보다 거대하고 단순하면서도 연약함을 드러내는 무언가를 엿볼 수 있지요. 만일 이 나무마저 사라진다면 내 방 창문으로 내다보이는 자연물은 아무것도 없을 것입니다. 그저 인간이 만든 구조물과 환경만 남겠지요. 나무를 감상하다 보면 자연의 아름다움뿐만 아니라 이 세상에 찰나 동안 머물다 가는 나무와 나라는 두 생명체 사이에 일체감을 느낄 수 있습니다. 쭉 뻗은 나뭇가지들 사이로 굼뜬 검은지빠귀 한 마리가 푸드덕 날아올라 내 시야에서 사라지자, 가느다란 잔가지는 흔들릴지언정 두툼한 나무줄기는 고요한 호수처럼 굳건히 그 자리를 지킵니다.

선불교 문헌에 보면 어떻게 자연 가까이 혹은 자연 한가운데에 조그마한 건물들을 세웠는지에 관한 설명이 나옵니다. 이른바 '선당'이라고 하는 수행 공간은 넓이가 고작 몇 제곱미터에 불과합니다. 이만한 건물을 멀리서 보면 맨눈으로는 거의 보이지도 않을 것입니다. 나무 아래에 꼭꼭 감추어져 있거나 다른 방식으로라도 풍경 속에 녹아들어 있을 테니까요. 선당 내부는 최소한의 가구나 부속품만 갖추어 군더더기 없이 꾸며져 있습니다. 물건으로 채워져 있지 않은 선당은 자연의 일부로 여겨지지요. 선당 안에 있는 사람은 흙에서 솟아 자라나는 푸른 풀과 나무를 볼 수 있으며, 이렇게 자연과 가까이 머무르는 덕분에 자신의 생명이 살아 숨쉬는 것 또한 느낍니다.

선당은 바닥 높이가 바깥의 지면과 같이 나지막하게 놓여 있어 외부 환경과 하나가 된 듯한 일체감이 한층 짙어지게 합니다. 선당의 이러한 구조는 자연과 인간을 구별 짓는 경계를 최대한 모호하게 합니다. 영국의 작가 존 쿠퍼 포위스John Cowper Powys는 인간과 자연의 상호의존적 관계를 다음과 같이 묘사했습니다.

"우리 자신의 일시적인 삶, 그리고 유기물이든 무기물이든 관계없이 여타 지구 산물의 일시적인 삶 사이에서 이러한 동질성을 느끼면 참으로 묘하면서도 심오한 만족감이 든다."

내 경우에는 성장하는 존재를 가까이하는 것이 피로를 풀고 과부하를 덜어 주는 해소제이자 진정제입니다. 이것은 일반적으로 받아들여지는 견해이며, 여기에는 과학적인 근거도 있습니다.

여러 연구 논문에서는 자연에 치유 효과가 있다고 지적합니다. 어쩌면 내가 아스팔트로 뒤덮인 동네에 거주하는 사람이라 그러한 연구들이 유독 내 상상력을 자극하는지도 모르겠습니다. 엑서터 대학교 의과대학 연구진은 대규모 분석 결과 도시민이 녹지 가까이에 거주하는 것과 그들의 장기적인 정신건강 개선 사이에 분명한 상관관계가 있음을 발견했습니다. 정신건강 개선 효과는 최대 3년까지 지속되었습니다.

사람이 자연 속에 머물게 되면 뇌가 이에 반응하여 스트레스 수준이 낮아진다는 사실을 밝힌 연구들도 있습니다. 녹음이 우거진 곳에 가만히 머무르기만 해도 우리는 한결 차분해지고, 힘을 얻고, 유익한 영향을 받습니다.

설사 자연으로 직접 나가지 못하는 상황이라고 해도 간접적인 방식으로나마 자연을 접하면 긍정적인 효과를 누릴 수 있습니다. 한 연구팀은 오리건주 교도소 수감자들에게 자연 풍경이 담긴 영상을 보여 주고 그들이 어떻게 반응하는지 연구했습니다. 실험에는 스물

네 명으로 구성된 두 집단이 참여했습니다. 한 집단은 일주일에 최대 다섯 번까지 운동할 수 있었고, 다른 집단은 운동에 더해 지정된 방에 가서 45분짜리 자연 영상을 시청할 기회도 얻었습니다.

이후 1년 동안 연구진은 수감자의 기분, 스트레스 수준, 폭행 사건 발생 횟수를 전부 추적했습니다. 그러자 놀라운 결과가 나왔습니다. 자연 영상을 시청한 수감자들은 한층 차분해진 모습을 보였습니다. 하지만 그보다 더 중요한 사실은 이들이 연구 기간 중 폭행 사건에 연루된 비율이 무려 26퍼센트나 감소했다는 점입니다.

소음과 공해 속에서 몸살을 앓던 감각들이 자연의 고요함과 오묘한 차이들을 알아차리기 시작할 때, 우리는 다시금 온전한 존재가 됩니다. 여기에는 그리 대단한 노력이 필요하지도 않습니다. 그저 이따금 고요를 향해 주의를 돌리기만 하면 됩니다.

그리하여 우리가 고요 속에 머물 때, 고요는 우리에

게 어떤 보답도 요구하지 않습니다. 나는 사방을 휘저으며 이리저리 뛰어다니는 대신 아무 데도 가지 않고 창밖 단풍나무의 침묵에 귀를 기울입니다. 나이 든 나무줄기는 위를 향해 뻗어 가고, 가지들은 하늘과 맞닿은 손을 펼쳐 그림을 그립니다. 어느덧 한낮이 이른 저녁으로 바뀌는 시간, 어스름 속에서 비둘기 한 쌍이 굵은 나뭇가지에 내려앉습니다. 꿈쩍도 하지 않는 비둘기의 몸에는 고요가 흘러넘치는 듯합니다.

저 멀리서는 여전히 도시의 소음이 들려옵니다.
하지만 그보다 훨씬 더 가까운 곳에서 자연이 살아 숨 쉬고 있습니다.

나무 한 그루의 모습을 하고서요.

고요를 향한 움직임

나는 스톡홀름 지하철의 초록색 노선을 타고 서쪽으로 향합니다. 스톡홀름 시내 중심가에 있는 우리 집에서 목적지까지 가는 데는 20여 분밖에 걸리지 않습니다. 열차는 서서히 도심을 벗어나지만, 이동 중에 보이는 풍경에서는 내가 향하는 목적지와 닮은 구석을 조금도 찾아볼 수 없습니다. 빽빽이 들어찬 건물은 도무지 듬성듬성해질 기미가 보이지 않고, 교통량도 좀처럼 줄어들지 않습니다. 터널을 지나 한낮의 햇빛 아래로 나와 보니 교통량은 줄어들기는커녕 오히려 더 늘어납니다. 그래도 고요를 향한 움직임은 일정하게 계속됩니다.

지하철역에서 나와 잠깐 걸으니 어느새 자연 보호 구역의 산책로에 다다릅니다. 처음에는 빠르고 간결한 걸음걸이로 전진하기 바쁘던 내가 점점 발바닥에 닿는 지면의 감각에 집중하기 시작합니다. 길에는 불룩 튀어나온 작은 돌멩이와 나무뿌리가 박혀 있고 이상하게 생긴 벌레가 슬슬 기어다닙니다. 나는 알맞은 보폭을 찾아 제대로 걷기 시작합니다. 언제 발을 앞으로 내밀고 어떻게 땅을 디뎌야 할지 알고 움직이는 자연스러운 걸음걸이로요.

상체는 지면을 딛는 발의 탄력에 영향을 받아 긴장이 풀려 편안해지고, 오감은 자연이 내뿜는 향기와 소리를 향해 활짝 열립니다. 나는 이제야 비로소 도시에서 완전히 벗어나 진정으로 숲속에 도착한 것입니다.

양옆으로 줄지어 선 나무들이 나를 에워쌉니다. 아치형으로 뻗은 나뭇가지 아래를 지나고 또 지나면 더 깊은 숲속으로 길이 이어집니다. 푸른 잎사귀가 우거져 만들어진 아치형 지붕 아래에 서서 하늘을 올려다보면

빛이 가려져 부드러운 어둠이 내려앉은 독특한 분위기를 느낄 수 있습니다. 자연을 가로질러 난 이 오솔길에 오늘은 나 외에 다른 사람의 자취를 찾아보기 힘듭니다. 나는 한동안 계속해서 발걸음을 옮기며 얼굴에 살랑살랑 불어오는 바람의 감촉과 코로 드나드는 공기의 흐름을 느낍니다.

일정한 리듬의 걸음걸이와 깊은 호흡 덕분에 다른 생각은 미처 끼어들 틈이 없습니다. 내 시야가 언제, 어떻게 변화해서 자연의 고요함을 그대로 담아내는지가 매우 선명하게 다가옵니다. 마치 일상의 무거운 짐을 산책로 바깥에 벗어 두고 부드러운 산들바람을 벗 삼아 걸어가는 듯합니다.

누군가에게 고요한 장소의 예를 들어 보라고 하면 십중팔구 숲이라고 답할 것입니다. 하지만 실상은 거의 정반대에 가깝습니다. 여름날 풀밭에 쭈그리고 앉아 있으면 날벌레가 윙윙거리는 소리에 귀가 먹먹해지고, 밤나방이 내 손바닥만 한 크기의 어수리(소의 사료로 쓰이는 미나릿과의 여러해살이풀 - 옮긴이)에 부딪히는 소리와 자작나무 잎사귀가 바스락거리는 소리가 들립니다. 숲속 나무 그늘에 잠시 멈추어 서면 완전히 고요한 순간은 아주 잠깐씩밖에 되지 않을 만큼 역동적인 청각적 체험을 할 수 있습니다.

그러나 숲에서 들려오는 소리에는 기분 좋은 진정 효과가 있으므로 몸을 빠르게 진정시키고 싶다면 소리 명상을 익히면 좋습니다. 소리 명상은 단순하고, 명료하며, 우리가 기대어 쉴 수 있는 존재감의 기반을 신속하게 조성해 줍니다. 우선 나는 두 발을 높이 쳐들어 힘차게 걸으며 점점 어두워지는 숲속으로 조금 더 깊숙이 들어갑니다. 나뭇가지와 이파리가 지붕처럼 둥글게 우거진 어느 지점에서는 이를 통과해 들어오는 희미한 빛줄기가 유독 눈에 띕니다. 마치 땅에 무언가 귀중한 보물이라도 있는 양 풀숲 위로 은은하게 빛을 비추기 때문이지요. 숲을 완전히 파악하기란 불가능합니다. 눈에 보이는 질서도 없으니 내가 딛고 선 이곳을 조목조

목 알아보려고 해 봐야 아무런 의미가 없습니다. 나는 덤불로 자연스럽게 뒤덮인 숲속, 이 무질서 속에서 언제나 평온해지고는 했습니다.

두어 차례 길게 호흡하여 정신을 또렷하게 가다듬고 나니 이후의 호흡은 저절로 느리고 안정적으로 유지됩니다. 그런 다음 나는 숲에서 들리는 여러 가지 소리 중 하나에 귀를 기울여 자세히 들어 보기로 합니다. 소리가 우렁찬지 희미한지, 변화무쌍한지 일정한지, 불분명한지 선명한지, 힘찬지 여린지를 듣습니다. 또 듣는 동안 소리가 어떻게 달라지는지, 어떻게 움직이는지, 어디에서 와서 어디로 가는지를 유심히 살핍니다.

그런 다음 이번에는 다른 소리에 초점을 맞추어 위와 같이 자세히 듣는 연습을 반복합니다. 겹겹이 쌓여 있던 소리가 한 꺼풀씩 벗겨지면서 하나하나 내 인식의 영역으로 들어옵니다. 얼마 지나지 않아 나는 한꺼번에 여러 소리를 들었다가 한 번에 하나씩 들었다가 하며 두 가지 상태를 넘나들 수 있게 되고, 내가 어디에 집중할지를 나 스스로 결정할 수 있음을 실감합니다. 내가 주의를 기울일 대상을 내 뜻대로 선택할 수 있음을 알면 과부하에 시달리던 정신이 자유로워집니다. 무작위적이고 충동적으로 피어오르던 산만한 생각들이 이때 비로소 그치기 때문이지요. 나는 자연의 소리에 귀를 기울임으로써 꼬리에 꼬리를 무는 생각에서 벗어나 자유로워지고, 숲을 이루는 요소 하나하나가 놀라우리만치 세세하게 와닿는 것을 체험합니다.

한 번에 하나씩 들어 봅니다. 딱따구리가 나무를 쪼는 소리, 덜덜 떨리는 사시나무 잎사귀 사이로 갈수록 거세지는 바람 소리, 멀리서 들려오던 희미한 소리가 잠시 후 완전히 끊기고 나서 오는 정적, 가까이에서 들리는 내 숨소리. 검은지빠귀는 "자신과 타인에게 친절을 베푸세요."라고 속삭입니다. 나는 마음속에서 자비심의 씨앗이 싹트도록 둔 채 옛 불교 경전에서 자신에 대한 집착을 내려놓고 알아차림 상태에 머무는 것에 관해 무어라고 이야기했는지를 떠올립니다. 가장 깊은 형태의 알아차림은 주변의 모든 것이 변화할 때 무엇 하나만 가만히 멈추는 것처럼 보기 드문 공백이며 기분 좋은 간극으로 볼 수 있습니다. 나는 여전히 그 경험에 아주 가까이 다가가지는 못하고 있습니다. 그러나 내가 올바르게 이해한 것이 맞는다면 알아차림 뒤에는 항상 무언가가 남습니다. 그것은 모든 것이 빠르게 변화하는 와중에도 언제나 그 자리에 가만히 서 있는 듯 보이는 기초이며 영원한 유산입니다. 그 기반에 도달하기 위해서라면 명상에 온갖 노력을 기울일 만한 가치가 있으며, 그리로 향하는 문은 절대로 완전히 닫히는 법이 없습니다. 두레박을 한 번이라도 우물 바닥까지 내려 본 사람이라면 우물의 깊이를 잘 알기에 이를 두려워하지 않을 것입니다. 때로는 우리의 전부라고 착각하기 쉬운 일상의 소음과 감정의 폭풍을 다시 한번 마주하면 이제 우리는 그것 말고 다른 무언가, 우리를 변함없이 단단히 붙들어 주는 무언가가 존재한다는 사실을 떠올리게 될 것입니다.

풀밭을 가르는 바람 소리, 숲에서 나는 소리, 숨 쉬

는 소리, 이름 모를 여러 가지 소리는 대단한 기술 없이도 언제든 자연스럽게 멎게 할 수 있습니다. 이 중요한 순간은 바로 명상이라는 행위를 통해 통찰이 흘러드는 순간입니다. 이제 우리는 쾌락에 지나치게 탐닉하는 대신 과거와의 관계를 이해하고 그 달콤씁쓸한 아름다움을 받아들입니다.

온 길이 먼 만큼 집으로 돌아가는 길도 멀지만, 이제 시야가 또렷해지고 숨을 내쉴 때마다 공기가 부드럽게 뿜어져 나옵니다. 활짝 피기 직전의 루핀꽃이 바람에 날려 휘어지면서 화사한 분홍빛으로 나를 유혹합니다. 또 독수리 한 마리가 기류를 타고 미끄러지듯 나무 꼭대기 위로 날아오르더니 이내 시야 밖으로 멀리 사라집니다.

기준점,
변하지 않는 무언가

크바르켄과 인근 해역은 서풍이 3에서 8단계, 란드소르트는 북서풍이 2단계로 불겠으며, 핀란드만은 8에서 12단계의 남풍이 불다가 오늘 밤 대략 5단계의 북서풍으로 바뀔 것으로 예상됩니다. 독일만은 7단계의 남풍, 보트니아만 남부는 3에서 7단계의 남풍이 불겠습니다. 오늘 밤부터는 남풍이 강해지겠으며 시정은 양호하겠습니다.

라디오에서 해양 기상 예보가 단조롭게 흘러나옵니다. 엄마, 아빠, 누나와 나는 예보에 한껏 집중하며 멍

하니 허공을 쳐다보고 있습니다. 조금이라도 다른 소리를 냈다가는 "쉿!" 하며 조용히 하라는 핀잔이 날아옵니다. 이것은 '한 번에 여러 가지 일을 하는 시대'가 도래하기 한참 전의 일입니다. 우리 가족은 배의 선실에 미동도 없이 가만히 앉아 있습니다. 스톡홀름 군도에서 멀리 벗어난 지금, 우리가 이튿날 아침에 다시 출항할 수 있을지 항구에 발이 묶인 채 며칠 더 머물러야 할지는 곧 알게 될 것입니다.

우치라 남부는 동풍이 7단계로 강하게 불다가 내일은 1에서 4단계로 약해지겠으며 시정은 양호할 것으로 전망됩니다.

단조로운 목소리는 나를 몽상에 빠뜨립니다. 상상 속에서 나는 아름다운 이름들을 향해 항해하고 있습니다. 군도해, 독일만, 그리고 북동쪽으로는 베데뢰아르나 군도의 절벽을 향해서요. 내게는 이 모든 장소가 마치 고향처럼 느껴집니다. 나는 파도가 몰아쳐도 조종

석으로 넘어지지 않도록 키 손잡이를 단단히 움켜쥐고 있습니다. 이곳은 내 배 집시 모스$^{Gypsy\ Moth}$ 위, 나는 온몸이 흠뻑 젖었고 입안에서는 찝찌름한 소금 맛이 납니다. 익숙한 동작으로 몸을 쭉 뻗어 수평선을 확인한 나는 새로운 파도가 뱃머리를 덮치는 것을 보고는 돛을 접습니다.

라디오의 목소리가 하뇌와 우트클리판을 언급하며 풍속 수치가 마법의 한계치 이하로 떨어진다는 소식을 전합니다. 엄마와 아빠의 시선이 마주칩니다. 기다리던 소식을 들은 우리는 안도의 한숨을 내쉬지만, 여전히 라디오를 끄지 않은 채 청취자를 빨아들이는 매혹적인 목소리에 귀를 기울입니다. 우리는 만트라의 리듬에 맞추어 이리저리 흔들립니다.

하르스테나는 남서풍이 5단계로 불겠으며 가시거리가 짧겠습니다. 고츠카 산된은 남풍이 7에서 9단계로 불겠으며, 차차 약해지겠습니다. 스벤스카 회가르나와 쇠데르암은 2단계로 잔잔하겠고, 케미 등대는 북서풍이 5단계로 불겠습니다.

피터 제퍼슨Peter Jefferson은 BBC 라디오에서 40년 동안 매일 네 차례에 걸쳐 해양 기상 상황을 예보했습니다. 소문으로는 제퍼슨이 2009년에 해상예보관 자리에서 물러난 이유가 그가 방송 중에 들릴락 말락 한 소리로 'f'로 시작하는 비속어를 썼기 때문이라고 합니다. 그러나 실상은 당시 암 진단을 받아서 스스로 예보관 자리를 내려놓았을 가능성이 더 큽니다. 청취자들은 제퍼슨이 떠나자마자 그의 빈자리를 아쉬워했고, 그러한 반응은 얼마 지나지 않아 수면 위로 떠올랐습니다. 많은 청취자가 그동안 제퍼슨의 해양 기상 예보 덕에 수월하게 잠들 수 있었다고 입을 모았습니다. 청취자들은 정작 예보에 등장하는 장소에 한 번도 가 보지 않은 이들이 대부분이었으나 어째서인지 그 장소들은 어느새 청취자들 삶의 한 조각이 되어 있었습니다. 이러한 소속감은 삶의 바람이 거세질 때면 모든 청취자가 닻을 내리고 쉴 수 있는 지점을 표시하는 부표가 되어 주었습니다. 오랫동안 자리를 비웠던 제퍼슨은 몇 년 전 해양 기상 예보를 새롭게 녹음했습니다. 이번 녹음은 이전과 완전히 다른 배경에서 이루어졌고 도입부에서 그는 "기상 상황이 유달리 차분할 것"을 약속합니다. 세계 최대의 명상 애플리케이션을 운영하는 한 미국 회사가 제퍼슨에게 사용자들의 긴장 완화 명상을 위해 예의 그 친숙하고 단조로운 목소리로 해양 기상 예보를 녹음해 달라고 요청한 것입니다. 제퍼슨은 청취자에게 두어 번 심호흡하고 긴장을 푼 뒤 그저 이 외딴 지역의 기상 상황에 가만히 귀를 기울여 보라고 조심스럽게 권합니다. 이제 제퍼슨의 해상 예보는 말 그대로 어른들이 잠잘 때 듣는 옛날이야기가 되었습니다.

2018년 스웨덴에서는 스웨덴의 BBC 격인 스베리예스 라디오^{Sveriges Radio}에서 계속해서 해양 기상 예보를 방송해야 할지 말지를 두고 청취자를 대상으로 설문조사를 실시했습니다. 해양 기상 예보는 매일 다섯 번씩 방송되며 라디오 방송 시간 중 수 분을 차지합니다. 대

다수 청취자는 매일 나오던 해상 예보를 앞으로도 계속 듣고 싶어 했고, 일부 청취자는 해상 예보가 자신에게 '스트레스 볼(만지고 주무르면서 사용자가 스트레스를 풀 수 있게 만든 공 - 옮긴이)'과 같아서 예보를 듣는 행위가 거의 일종의 명상처럼 자리 잡았다고 응답했습니다. 그런가 하면 "내가 굳이 무어라 의견을 내지 않아도 되는 내용을 읽어 주는 예보관의 목소리"를 듣는 것이 편안하다고 말하는 사람도 있었습니다.

나는 한 친구에게 이 설문조사에 관해 이야기했습니다. 그러자 친구는 낯빛이 환해지더니 이렇게 말했습니다.

"꼭 시 낭송을 듣는 거랑 비슷하네."

잘은 몰라도 아마 시 낭송과 해양 기상 예보의 리듬에는 듣는 이에게 고요한 느낌을 선사하는 무언가가 있는 모양입니다. 어쩌면 우리는 자신보다 거대한 무언가와 유대감을 느끼는지도 모르겠습니다. 우리는 우치라에 사는 209명의 주민이나 우트클리판 군도의 오두

막에 홀로 앉아 과연 거센 바람이 잦아들지 알아보려고 라디오에 귀를 기울이는 등대지기와 비록 몸은 멀리 떨어져 있더라도 동질감을 느낄 수 있습니다. 그곳에 있는 사람이 그가 아닌 우리였을 수도 있다는 생각에 우리는 등대지기의 마음을 함께 느낍니다.

멀리 떨어진 곳에서 라디오를 들으며 우리는 우리가 붙들고 의지할 수 있는 가상의 고정된 기준점을 마주합니다. 우리를 둘러싼 세상이 불안하고 음울하게 흔들릴 때도 여전히 변하지 않는 무언가가 존재함을 느끼게 되지요.

우리는 모두 각자의 방식으로 잔잔한 고요에 다다릅니다. 피셔 해역에서 북풍이 초당 10미터의 속도로 불면서 점점 거세지는 순간에도요.

놓아주기

오늘은 머릿속이 생각으로 너무 꽉 차서 어쩐지 멍하고 의기소침해졌습니다. 일을 마치고 집으로 돌아가는 길, 나는 잠시 쉬기로 합니다. 사실 딱히 급한 일이 없었거든요. 그러자 문득 하루의 일정을 바꾸는 것은 참으로 작은 변화이지만, 그 변화가 현실로 나타나 구체화하는 순간 반대 방향으로 정말 큰 추진력이 생긴다는 생각이 듭니다. '내가 이럴 시간이 어딨어.'라는 생각에서 벗어나 문제에 다르게 접근하여 결단을 내리는 행위는 이를 통해 얻는 효과에 비하면 노력이 거의 들지 않습니다.

쉬어야겠다는 결정 끝에 다다른 공원의 이름이 퍽 마음에 듭니다. 바로크 양식의 정원이라는 '유령 공원 Spökparken'은 지나가는 길에 우연히 발견할 만한 곳은 분명 아닙니다. 공원에는 멋들어진 단풍나무가 널찍하게 간격을 두고 서 있고, 몇몇 나무줄기는 산책로 위쪽으로 기울어서 나뭇가지와 잎이 지붕을 이루고 있습니다. 나는 그 나무 그늘에 놓인 벤치를 골라 앉습니다. 포석 위로 선명하게 그림자가 집니다. 스톡홀름에서 가장 번화한 거리 중 하나가 엎어지면 코 닿을 거리에서 왁자지껄하게 돌아가고 도시는 침묵을 거부하지만, 그조차 내면의 고요를 집어삼키지는 못합니다. 여느 때와 다름없는 평일의 늦은 오후, 공원을 찾은 인파를 보고 나는 깜짝 놀랍니다. 몇몇 사람은 휴대전화를 내려다보고 있지만, 절반가량은 나처럼 아무것도 하지 않습니다. 그저 가만히 앉아 공원 풍경을 바라볼 뿐입니다.

우리가 하던 일을 중단하고 멈춰 서더라도 뇌는 계속해서 팽글팽글 돌아갈 때가 많습니다. 여러 생각이 빠르게 스쳐 지나가고, 이를 또렷하게 의식하면 할수록 생각이 더 제멋대로 날뛰는 것처럼 느껴지기도 합니다. 하지만 이는 명상하다 보면 누구나 겪는 일이므로 낙담하지 않아도 됩니다. 생각과 감정이 두서없이 흘러가는 모양을 마치 할머니나 할아버지가 어린아이가 뛰노는 모습을 지켜보듯 상냥함과 경이로움이 담긴 눈으로 바라보십시오. 꾸준히 연습하면 정신없이 쏟아지던 생각의 폭포가 이내 콸콸 흐르는 시냇물이 되었다가 결국에는 바다를 향해 힘차게 흘러가는 강물이 될 것입니다. 그리고 파도는 잔물결로 변해 마침내 따뜻하고 고요한 바다 표면에 이르러 움직임을 멈출 것입니다.

나는 이곳 공원 벤치에서 명상을 하나 하기로 합니다. '놓아주기'라고 할 수 있는 이 명상은 내면의 자아로 향하는 창을 빠르게 열고 그날 해야 할 일들을 머릿속에서 지우는 효과적인 방법입니다.

이 명상은 특별히 어렵거나 까다롭지 않으나 반드시 지켜야 할 조건이 하나 있습니다. 바로 머릿속에 떠오르는 생각을 억누르거나 무시하면 안 된다는 것입니다. 그 대신 떠오르는 생각을 관찰하고 알아차리십시오. 생각이란 본디 멈추지 않고 자유로이 흘러갑니다. 그러니 생각을 가로막는 대신 생각 하나하나를 주의 깊게 살피고, 그것이 나에게 어떤 영향을 미치는지 느낀 뒤 놓아주기만 하면 됩니다. 이 작업을 더 수월하게 하려면 일종의 신호에 해당하는 상징적인 단어를 사용해도 좋습니다. '패스^{pass}'라는 단어를 써 보십시오. 이 단어를 쓰면 생각에 매몰되지 않으며, 생각을 머릿속에서 서서히 지우고 사라지게 하는 데 도움이 됩니다. 이 단어를 일종의 보호막으로 삼는 셈입니다. 한 번으로 부족하다면 여러 번 되뇌어도 좋습니다. 다만 '패스'라고 말할 때는 항상 부드럽게 해야 하며, 어떤 식으로든 강하게 물리치는 느낌을 주어서는 안 됩니다. 한편 놓아주기 명상을 하는 동안 눈은 뜨고 있어도 무방하며 몸은 편안한 자세를 유지합니다.

공원에서 숨바꼭질하는 아이들 가운데 술래가 "꼭꼭 숨어라, 머리카락 보일라." 하며 친구들을 찾으러 가기 전 숫자 세는 소리를 신호 삼아 나는 명상을 마칩니다. 시계를 보니 내가 공원에 온 지 20분도 채 지나지 않았습니다. 아까만 해도 길 위에 드리웠던 그림자가 자취를 감추었고 엷은 구름층이 나무 사이로 보이는 하늘 한 조각을 가리고 있습니다. 나는 자전거 페달을 밟으며 천천히 집으로 향합니다. 신비주의자 얄마르 엑스트룀Hjalmar Ekström이 남긴 말을 떠올리면서요.

"평온함이 없는 마음은 날개 잘린 새와 같아서 제자리에서 힘없이 퍼덕일 뿐이다. 그러나 평온한 마음은 힘차고 자유롭게 무한정 뻗어 나간다."

**고요를
향하여**

우리는 때로 자신을 너무나 많은 것으로 채웁니다. 어찌나 꽉꽉 채웠는지 더는 침묵의 소리를 듣지도 못하지요. 우리는 감정을 외면하거나 억누르고 싶은 걸까요?

며칠 동안 자연 가까이에 홀로 머물 기회가 생겼습니다. 이른 아침, 살을 에는 듯한 추위 속으로 발걸음을 내디딥니다. 고작 몇 분 걸었을 뿐인데 어느새 완전한 정적이 나를 둘러쌉니다.

눈으로 뒤덮인 숲길을 걷다가 본능적으로 멈추어

서자 문득 지금 이 주변에서 나는 소리는 오로지 내가 움직이는 소리뿐이라는 사실이 머리를 스칩니다. 그 정적이 너무나 짙고 강렬해서 도리어 고함처럼 먹먹하게 울립니다. 내 입에서는 무의식적으로 "우와" 하는 탄성이 흘러나옵니다. 처음에는 웃음이 터졌습니다. 어쩌면 그 웃음은 흐르는 정적 속에서 내 위치를 알리는 신호였는지도 모르겠습니다. 아니면 단지 침묵에 굶주린 도시 사람의 기쁨에 겨운 외침이었을까요? 무언가 더 할 것도 뺄 것도 없는 이 순간, 나는 고요 속에 서 있습니다. 말 한마디 없이, 나무들과 나는 모두 그저 가만히 자리를 지킵니다.

움직이지 않는 동안 침묵과 완전히 한 몸이 되고 나니, 다시 발을 움직여 앞으로 나아가도 침묵이 깨어지지 않습니다. 나는 마비된 듯 편안하게 침묵 속에 머무릅니다. 침묵의 품은 진한 우정처럼 포근합니다. 숲은 고요합니다. 오솔길도 고요합니다. 저 멀리에는 아무것도 없습니다. 모든 것이 익숙하고 제자리에 있는 느낌입니다.

나는 스무 살 때 처음으로 남아시아를 여행했습니다. 부모님이 후원하시는 아동이자 나보다 몇 살 위의 '형'인 카르마를 만나러 인도에 갔지요. 당시 카르마는 해피 밸리Happy Valley라는 아름다운 지명이 붙은 인도 북서부 지역에 살았습니다. 그로부터 몇 년 전에 카르마가 우리 가족을 만나러 스웨덴을 방문했는데 이번에는 내가 카르마를 비롯한 수많은 티베트 망명자가 자라난 나라를 향해 간 것입니다. 그때는 아직 인터넷도 휴대전화도 보급되기 전이라 손편지가 스웨덴과 인도 사이의 유일한 소통 창구이던 시절의 인도를 경험할 수 있었습니다.

인도에 머무른 지 한 달쯤 되었을 무렵 우리는 꽃의 계곡에 가기로 했습니다. 해발 약 4,000미터 높이에 있는 이 아름다운 계곡은 눈 덮인 빙하로 둘러싸여 장관을 이룹니다. 또 고작 산 하나를 사이에 두고 티베트를 마주한 곳이라는 점도 매력적이었습니다. 그러나 이름에서 알 수 있듯 꽃의 계곡은 수백 종의 다양한 꽃으로 더 유명합니다. 1930년대까지만 해도 사람이 접근하기 어려워 외부 세계에 드러나지 않은 은밀한 장소였던 이곳은 그때나 지금이나 여전히 수줍은 눈표범의 서식지이기도 합니다. 좀 뻔하기는 하지만 나는 당시 미국의 작가 피터 매티슨^{Peter Matthiessen}의 《신의 산으로 떠난 여행》(원제는 '눈표범^{The Snow Leopard}'이며 저자가 눈표범을 찾아 히말라야로 떠난 여정을 담았다 - 옮긴이)을 읽고 있었고, 이 책은 바위투성이 산 주변의 신비로운 분위기를 한층 더해 주었습니다.

"탐색은 마치 누군가가 나를 지켜보고 있는 듯한 초조한 느낌에서 시작되기도 한다. 사방을 둘러봐도 아무것도 보이지 않는다. 그러나 이 깊은 불안감에는 분명 어떠한 근원이 있음이 느껴진다. 그리고 그 불안의 근원으로 향하는 길은 낯선 곳이 아니라 집으로 가는 길이다."

인도에서 한 달 가까이 지내는 동안 나는 건강이 상당히 나빠져 있었습니다. 단기간에 몸무게가 7킬로그램 넘게 줄었으니 사실 얌전히 평지에나 머물러야 했지요. 그러나 인도의 다채로운 혼돈에 푹 빠진 나는 도무지 만족할 줄 몰랐고 우리는 빠른 속도로 전진했습니다. 나와 카르마는 꽃의 계곡에 갔다가 해가 지기 전에 돌아오기 위해 산악 마을인 강가리아에서 새벽부터 길을 나섰습니다. 산에서 콸콸 흘러내리는 강물을 따라 난 아름다운 길이 우리를 꽃의 계곡으로 서서히 이끌었습니다. 때는 8월이었고 우기였는데도 불볕더위가 기승을 부렸습니다. 등산 자체는 그렇게 힘들지 않았으나 우리는 점점 더 자주 멈추어 서서 얼음장처럼 차가운 물에 수건을 적셔 머리에 얹어서 열기를 식혔습니다. 고개를 들어 바라보면 저 멀리 툭 튀어나온 절벽에 주황빛 옷을 걸친 은둔자들이 명상하는 자세로 가만히 앉아 수행하는 모습이 눈에 들어왔습니다.

그로부터 며칠 전 우리는 갠지스강의 반짝이는 물에서 행복을 찾아다녔고, 여느 관광객들처럼 리시케시의 상인들과 흥정을 벌였으며, 거의 로알드 달Roald Dahl의《기상천외한 헨리 슈거 이야기》(주인공 헨리 슈거는 오랜 수련 끝에 투시 능력을 얻는다 - 옮긴이)에서처럼 신비한 능력을 단돈 얼마에 보여 주겠다는 제안을 받기도 했습니다. 그러나 이제 하늘이 점점 더 가깝게 느껴지는 산에 오르니 도시의 분주함과 소란스러움은 멀게만 느껴졌습니다. 우리는 지칠 대로 지친 몸을 이끌고 마침내 꽃의 계곡에 다다랐고, 나는 그때 카르마가 뱉은 첫 마디를 기억합니다.

"저쪽이 티베트야."

성인이 된 후로 그가 고국에 그토록 가까이 가 본 것은 아마 그때가 처음이었을 것입니다. 우리는 꽃으로 뒤덮인 풀밭에 털썩 주저앉았습니다. 그런 장소는 난생처음이었고, 오래도록 지속되는 고요는 해방감을 안겨 주었습니다. 나는 살면서 어느 때보다 집에서 멀리 떨어져 있었지만, 침묵의 한가운데서 고향에 온 듯한 기분을 느꼈습니다. 그 익숙한 평온함. 그것은 고향 도시 주변의 숲속에서 나를 수없이 이끌던 바로 그 고요함이었습니다.

고요를 누리는 시간

미국의 시인 윌리엄 스태퍼드^{William Stafford}가 쓴 시에는 다음과 같은 구절이 있습니다.

> 아버지는 작은 동물의 발걸음 소리,
> 어둠 속에서 방충망에 부딪히는 나방의 소리를 들었다
> 멀리서 들려오는 모든 소리는 아버지의 귀를 이끌어
> 그를 우리 중 누구도 가 보지 못한 곳으로 데려갔다

뒤이어 스태퍼드는 자신도 그 고요를 내면에 들이고 싶다는 마음을 내비칩니다.

… 저 너머에서 밤의 무언가가 우리에게도 닿을 순간을 기다리며

이 시에는 기분 좋은 평온함이 묻어날 뿐만 아니라, 고요가 단순히 어떤 환경의 특성이 아닌 하나의 행위라는 의미도 담겨 있습니다. 침묵은 겸허한 태도이며 우리는 침묵을 구태여 기다릴 필요 없이 자기 자신과 다른 이들을 침묵 속으로 청해 들일 수 있습니다.

고요 속에 머물며 자기를 성찰하는 능력은 정신없이 바쁜 우리의 일상에 기쁨을 선사합니다.

내가 고요를 누리는 시간은 이른 아침입니다. 그 시간에는 가족은 물론 고양이도 아직 잠들어 있고 밖에서는 기분 좋은 소리만 들려옵니다. 멀리서 새가 쉼 없이 지저귀는 소리, 어딘가에서 문이 끼익 열렸다가 탁 닫히는 소리 등이지요. 내게 이런 이른 아침은 요가와 명상의 시간입니다. 보통은 다리를 꼬고 의자에 앉아

잠시 창밖을 바라보며 그날의 날씨, 미묘하게 달라지는 하늘의 모습, 때로는 맞은편 건물 정면에 빛이 비치고 그늘이 지는 모양을 관찰하면서 하루를 시작합니다. 이른 아침을 이렇게 보내면 몸이 차분하게 진정되는 효과가 있습니다. 잠은 이제 막 달아났고 생각은 아직 본격적으로 물꼬를 트기 전이지요.

아침의 고요함을 온몸으로 받아들이고 나면 평화로운 명상은 대개 저절로 따라오기 마련입니다. 하지만 그렇지 않은 날이면 나는 다음과 같은 방식으로 차근차근 움직입니다.

몸의 감각 — 몸에 어딘가 긴장된 부위가 없는지 살피고 그 부위의 근육을 의식하여 긴장을 완화합니다. 그런 다음 호흡을 조용하고 차분하게 가다듬습니다. 때로는 호흡을 일종의 순환 운동, 즉 들숨과 날숨이 부드럽게 전환되어 거의 경계가 없다시피 한 순환 운동이라고 생각하면 도움이 됩니다. 이 모든 것은 몸이 고요

할 때 가능합니다.

말 ― 입천장에 힘을 풀어 언어를 내 몸에서 떠나보내고 침묵을 초대해 들입니다. 짜릿한 해방감이 밀려옵니다. 할 말을 굳이 찾지 않아도 되니 나를 포근히 감싸는 고요 속에 모든 것을 자유로이 내버려둘 수 있게 됩니다.

마음 ― 몸이 고요해지고 나면 마지막으로 마음을 널찍하고 자연스러운 평형 상태에 두어 쉬게 합니다. 이 평형 상태에서는 내가 무엇을 보고 듣고 느끼든지 관계없이 이완 상태를 유지합니다. 이때는 어떤 것도 '좋다', '나쁘다' 같은 말로 평가하거나 판단하지 않습니다. 무엇이 느껴지든 간에 내 몸과 마음은 편안하게 휴식합니다.

이 순간이 그날 하루의 분위기를 결정합니다. 각각의 아침이 다시 하나로 합쳐져 재탄생하는 느낌이지요. 나는 항상 마음에 자비와 관용을 품은 채로 명상을 마무리합니다. 혹여 여전히 짜증이나 질투 같은 부정적인 감정을 털어 버리지 못하는 날이면 다른 사람들이 잘되기를 기원하며 좋은 면을 떠올리려고 노력합니다.

가장 완전한
침묵

철학자 막스 피카르트Max Picard는 1920년 저서 《침묵의 세계》에 다음과 같이 기록했습니다.

"라디오가 침묵의 자리를 전부 차지했다. … 이제 더는 침묵이 존재하지 않는다. 심지어 라디오를 껐을 때조차 라디오 소리가 들리지 않게 계속 재생되는 듯하다."

그리고 그때와 비교해 세상은 조금도 조용해지지 않은 것 같습니다. 우리는 쉴 새 없이 우리를 부르는 소리를 향해 고개를 돌리고, 때로는 쫓기기까지 합니다. 문자 메시지, 알림, 광고 등 다양한 유혹 거리가 우리를 침묵에서 멀어지게 합니다. 세상은 우리에게 침묵을 깨뜨리고 소리 내어 말함으로써 존재를 증명하라고 부추기고 우리의 일상은 말 그대로 온갖 소리의 불협화음으로 이루어져 있다 보니, 침묵을 부르짖는 내면의 간절한 외침을 듣는 사람이 나날이 늘어 가고 있습니다.

커다란 헤드폰이 사람들의 귀를 덮음에 따라 점점 더 많은 이들이 소음이 줄어든 세상에서 일상을 영위합니다. 세상에는 너무나 많은 소리와 이미지가 존재하고, 그것들은 너무나 자극적이고 강렬합니다. 그래서인지 고요가 내 피난처라는 생각이 드는 순간이 갈수록 잦아집니다. 약 일주일 전 어느 이른 아침, 지하철은 '고요를 나누다'라는 건강 관련 브랜드의 광고로 뒤덮여 있었습니다. 또 하루는 핀란드 여행을 계획하던 중 어느 웹사이트에서 '침묵을 주세요'라는 제목을 발견하기도 했습니다. 이러한 문구는 침묵을 갈구해 온 우리에게 유혹적인 메시지인 한편 이제 침묵이 일종의 사치가 되었음을 보여 주는 메시지이기도 합니다. 여유 있는 사람들이나 누릴 수 있는 상품이라는 것이지요. 그러나 침묵은 대화 속, 자연 속, 음악 속, 명상 속 등 어디에나 존재하고 누구에게나 열려 있습니다. 침묵은 분명히 존재하며, 비록 침묵 자체에는 아무런 목적이 없을지라도 우리는 침묵의 의미를 느낄 수 있습니다.

 침묵은 단순히 소리가 없는 상태가 아닙니다. 그저 언어의 부재를 가리키는 말도 아니지요. 침묵은 우리가 침묵을 위한 공간을 남겨 둘 때 모습을 드러내는 근본적인 구조입니다. 우리는 몸을 차분하게 가라앉히고 조용한 틈에 귀를 기울임으로써, 현재 일어나는 일을 해석하려 하지 않고 실제로 무슨 일이 일어나는지에 귀를 기울임으로써 침묵을 발견할 수 있습니다. 어떤 면에서 침묵은 순수한 존재 자체이며, 침묵이 미치는 영향을 통해 비치는 모습 외에는 달리 침묵을 표현할 길이 없습니다.

 때때로 우리는 침묵을 다시 찾아내야 합니다. 침묵

은 갈수록 짧아지는 바쁜 일상의 틈새에 숨겨져 있습니다. 바쁜 일상에서는 이것과 저것이 하나로 뒤엉켜 결국은 서로 들러붙어 버릴 때가 너무 많습니다. 소셜 미디어의 흐름에 빈틈이라는 것이 존재하지 않듯 이제 어떤 의견과 반대 의견 사이에도 공백이라는 것이 사라져서 누군가가 의견을 내면 반대 의견이 곧바로 튕겨 나옵니다. 뭐라도 하나 나왔다 하면 즉각적으로 맞받아치는 반응이 나오고, 듣기보다 말하기를 훨씬 흥미진진하게 여기는 시대입니다.

나에게 침묵의 공간은 시의 세계에서 조금 더 확실하게 열립니다. 그 공간이 내게 도피처가 되어 줄 때가 많지요. 침묵의 공간에 머무르면 자유로워지고, 아무런 방해도 받지 않으며, 생기를 되찾는 기분입니다. 시가 쓰인 종이에는 의도적으로 여백이 남겨져 있습니다. 빈 종이는 글자와는 또 다른 방식으로 독자에게 이야기를 건네지요. 줄줄이 이어지던 단어들이 자연스럽게 한 음절로 줄어들었다가 다시금 쭉 늘어나서 확장됩니다. 시의 자유로운 구문과 간결하고 긴장감 있는 팽팽한 형식은 아무런 대가도 요구하지 않고 독자를 성찰적인 침묵으로 이끕니다. 군나르 비엘링의 시집 《당신은 그 말을 걸어간다$^{Du\ går\ de\ ord}$》에 실린 작품에서 이를 엿볼 수 있습니다.

> 그것은 무언無言을
> 그림자처럼 따라다닌다
> 그것이 존재하고
> 침묵할 때까지

시를 쓰기 전, 새하얀 종이를 눈앞에 둔 시인은 텅 비어 있습니다. 시인은 그 종이를 글자로 채울 수 있습니다. 아니면 시를 쓰지 않기로 마음먹을 수도 있습니다. 가만히 멈추어 선 펜촉과 떨리는 손. 독자는 이 공백에 포근히 안깁니다.

일본에서는 두 개체 사이에서 살아 숨 쉬는 공간

을 가리켜 '마ま[間]'라고 부릅니다. 나는 예술가 니니아 스베르드루프Ninia Sverdrup와 이야기를 나눈 적이 있습니다. 그는 시간을 어떻게 인식해야 할지 고찰하던 중 '마'라는 개념이 당연시되고 '마'가 없으면 사물이 가치를 잃는다고 여기는 일본 사회에 그 한 글자가 미친 영향을 더 잘 이해하고자 일본으로 건너간 인물입니다.

니니아 스베르드루프에 따르면 '마'는 두 구조물 사이에 존재하는 순수하고, 성찰적이고, 필수적인 공간에서 나타납니다. 이 공간은 다양한 가능성으로 가득 차 있습니다. 예를 들어 대화 중에 어떤 사람이 한마디를 하고 나면 다른 사람이 대답하기 전까지 틈이 발생합니다. 이때 두 화자가 현재의 순간에 온전히 머무르는가 아닌가에 따라 대화의 접점이 살아 움직입니다. 화자가 현재에 머물러야 비로소 그 접점에서 무언가가 싹틀 기회가 생기지요. 가라테에서 '마'는 자신과 상대방 사이에 존재하는 완전한 공간에 머무르는 능력입니다. 하지만 여러 가지 '마' 중에서도 가장 아름다운 '마'

는 아마도 입 맞춤 직전인 두 사람 사이에 완벽하게 유지되는 거리일 것입니다.

음악 언어에는 이러한 틈을 만들어 내는 몇 가지 형태의 쉼이 존재합니다. 음악의 리듬과 구조가 잠시 끊기는 침묵의 순간이지요. 고전 음악에는 이러한 예시가 넘쳐납니다. 예를 들어 핀란드의 작곡가 장 시벨리우스 Jean Sibelius의 〈교향곡 5번〉 마지막 부분에서는 어긋난 시점에 등장하는 여섯 개의 화음 사이사이에 침묵이 강렬한 인상을 남깁니다. 이 침묵은 리듬을 초월하는 틈이며, 이때 청자의 귀는 악기가 소리를 내는 순간에 '타격'을 입는 대신 웅장한 화음들 사이에 낀 정적으로 쏠립니다. 눈을 감고 거대한 오케스트라의 연주가 갑자기 뚝 끊기는 침묵의 구간에 귀를 기울여 보십시오!

핀란드의 작곡가 아르보 패르트 Arvo Pärt의 〈타불라 라사 제2악장 침묵〉을 들으면 실제로는 음악이 쉬는 구간이 없는데도 연주 내내 침묵이 흐르는 듯한 경험을 할 수 있습니다. 이 곡에서 침묵은 지속되는 요소이자 토대입니다. 침묵을 깨뜨리기보다는 침묵과 나란히 흘러가는 단 몇 가지 음으로 현악기가 실낱같은 그물을 섬세하게 짜는 가운데, 침묵이 오래도록 남아 여운을 줍니다. 내가 이 책을 쓰는 동안 들은 유일한 곡인 이 작품은 악기의 정확한 조음과 상호작용을 통해 마치 침묵 속에서 휴식하는 듯한 감각을 선사합니다. 이 곡은 1977년에 처음으로 관객 앞에서 연주되었습니다. 당시 객석에 있던 에스토니아 작곡가 에르키스벤 튀르Erkki-Sven Tüür는 이 음악을 통해 영원함이 자신을 훑고 지나간 듯했다는 감상을 전했습니다. 나는 그가 무엇을 느꼈는지 이해할 것도 같습니다. 튀르는 연주가 끝나고 모든 것이 완전한 정적으로 돌아왔을 때, 청중 가운데 누구도 박수로 그 침묵을 깨고 싶어 하지 않았다고 이야기합니다.

록 밴드 푸가지Fugazi의 노래 〈대기실〉 도입부에서 등장하는 침묵은 이보다 더욱 선명하게 드러납니다. 이 곡은 펑크 기타 리프(반복해서 연주되는 2~4마디가량의 짧고

인상적인 악절 - 옮긴이)로 시작하여 한창 고조되는 와중에 갑자기 뚝 끊기고, 이후 거의 5초 동안 아무도 예상치 못한 침묵이 이어지면서 리프와 대비되는 긴장감을 조성하고 제목의 의미를 강조합니다. 볼륨을 높여서 들어 보면 기타리스트가 현을 건드리는 소리가 어렴풋이 들리는 등 밴드가 여전히 그 자리에 있음을 알 수 있습니다. 그러다 다시 노래가 시작되는 순간 청자는 음악 속으로 초대되며, 공동의 에너지가 모여 강화됩니다. 음악이 멈추는 그 잠깐의 공백은 에너지가 모이는 구심점이자 강력한 무언가가 새로이 시작될 수 있는 출발점이 됩니다.

이것이 바로 내가 사색적 침묵을 경험하는 방식입니다. 사색적 침묵은 착륙이자 재탄생이며, 침묵이라는 형태에 응축된 힘이 모이는 접점입니다. 행동과 힘과 창조성이 바로 여기에서 뿜어져 나옵니다.

따라서 침묵 속에서는 누군가가 마지막으로 뱉은 말과 이를 듣고 침묵하는 사람들 사이에 경청의 틈이 펼쳐집니다. 겸손하게 귀 기울이는 사람들이 세심하게 지키는 필수적인 간격이지요. 이 무언의 틈은 아직 이루어지지 않은 약속과 꿈꾸지 못한 기회가 나타나는 가능성의 공간입니다.

우리는 그러한 침묵을 어디에서나 경험할 수 있습니다.

고요는 지금
여기에 존재한다

젊었을 적에 나는 외딴곳이라야 고요를 찾기가 더 쉽다고 생각했습니다. 저 멀리 떨어진 나라, 거기다 신비에 싸인 나라라면 더 좋으리라고 여겼지요. 당시 내게 고요란 물리적으로 장소를 이동해야만 얻을 수 있는 것, 외부 환경에 좌우되는 것이었습니다.

쉽지 않은 환경임에도 혹여 어쩌다 한 번씩 고요를 찾아낼 때면 고요한 순간을 가로막을 만한 장애물은 무엇이든 눈앞에서 치워 버려야만 했습니다. 외부 세계와 거리를 두고 방해 요소를 차단해야 했지요. 마치 숲에서 귀여운 야생 동물을 마주쳤을 때 꼼짝 못 하고 얼어붙는 것처럼요. 조금이라도 움직였다가는 그 순간 야생 동물이 휙 달아나 버릴 것을 알기에 우리는 섣불리 움직이지 못합니다. 과거에 내가 찾아냈던 고요 또한 방해 요소가 등장했다 하면 그와 같이 한순간에 사라져 버렸습니다.

하지만 요즘은 그동안 명상하면서 깨달은 관점에서 볼 때 고요란 끊임없이 이어지는 존재의 감각, 곧 우리 내면 가장 깊숙한 곳에 있는 의식의 공간이라고 생각합니다. 나는 전 세계 방방곡곡을 여행하고도 진정한 고요를 발견하지 못한 뒤에야 비로소 고요가 '지'와 '금'이라는 두 글자에 집중하는 나의 능력 밖에 있는 것이 아니라는 사실을 깨달았습니다. 즉각적으로 행동에 나서는 대신 주의력을 잃지 않고 꾸준히 평정심을 유지할 때 현재는 침묵과 고요의 순간으로 전환됩니다. 그리하여 내면의 고요를 경험할 때 자기 자신과의 연결이 유지되지요. 고대 문헌 《바가바드 기타Bhagavad Gita》에서는 이러한 원칙을 더욱 명확하게 설명합니다.

"역경에 처할 때도 평소와 다름없이 행동하라. 그러한 평정심을 가리켜 곧 요가라고 한다."

이 글을 쓰는 와중에 우리 집 까만 고양이가 난데없이 불쑥 모습을 드러냅니다. 우리 고양이는 관절이 뻣뻣한데도 유려하고 자신감 넘치는 몸짓으로 소파로 휙 뛰어오르더니 내 옆에 눕습니다. 르네상스 시대 프랑스의 작가 몽테뉴Montaigne는 이렇게 말했습니다.

"고양이와 함께 놀 때, 내가 고양이와 놀아 주는 것인지 고양이가 나와 놀아 주는 것인지 어떻게 알겠는가?"

요즘은 고양이가 내 곁에 자리를 잡고 누워 있을 때가 많습니다. 이 아이도 나이가 들었지요. 겁에 질려 안절부절못하고 사랑과 안정감에 굶주려 있던 이 고양이를 우리 가족이 고양이 구조 센터에서 입양한 지도 어느덧 10년 가까이 흘렀습니다.

나는 고양이의 한쪽 발 위에 내 손을 가만히 얹어 봅니다. 그러자 고양이가 다른 쪽 발을 들어 올려 내 손등에 올려놓습니다. 1분쯤 후, 상체를 이리저리 비틀고 다리 근육에 강하게 힘을 주던 고양이는 마침내 긴장을 완전히 풀고 편안한 자세로 자리를 잡습니다.

상대적으로 얕은 고양이의 숨소리를 들으며 나는 내 숨소리의 깊이를 느낍니다. 내 가슴이 일정한 리듬으로 부풀었다가 줄어듭니다.

'지'와 '금'이라는 두 글자가 하나로 연결되고, 나와 고양이 주위로 침묵이 내려앉습니다. 모든 것이 경이로운 정적 속으로 가라앉습니다. 내가 이 순간에 머무르고 평정심을 유지하기로 선택하는 한 고요는 언제까지나 나를 포근하게 감싸 줍니다.

숲의 기운에
젖어 들다

오늘 숲속은 고요하고 우리는 하던 대화를 멈춥니다. 약속된 침묵이었지요. 침묵은 숲속 산책의 일부분입니다.

숲길을 걷다 보면 나는 자연스럽게 걷기 명상을 하게 됩니다. 걷기 명상은 몸을 움직이는 자연스러운 방식입니다. 땅에 발을 디디면 내 존재의 감각은 땅과 발이 맞닿는 바로 그 지점에 있습니다. 나는 출발 지점과 도착 지점에 관한 생각은 내려놓은 채, 한 걸음 한 걸음 나아가는 과정 가운데서 자신을 발견합니다. 현재에 집중하여 존재감을 생생히 느끼며 몇 걸음만 내디뎌 보먼 걷기 명상이 고민에서 벗어나는 길임을 깨닫게 됩니다. 땅바닥에 실리는 무게감과 부드러운 움직임, 우리는 이 한 걸음에서 존재감을 오롯이 발견할 수 있습니다. 그 한 걸음이면 충분합니다. 걷기 명상은 명상 수행을 일상으로 한 걸음 가까이 옮겨 주며, 이는 앉아서 명상하기 어려워하는 사람이 명상에 비교적 쉽게 접근하는 방법일 수 있습니다. 처음 몇 걸음은 어색하게 느껴지지만, 조금만 지나면 자연히 호흡의 리듬에 맞추어 걷게 됩니다. 자세를 곧게 세우고 가슴을 활짝 편 채, 나는 숨을 한 번 들이마실 때마다 내가 몇 걸음씩 걷는지 세어 봅니다. 또 어깨를 내리고 고개를 든 채 숨을 내쉴 때는 몇 걸음을 걷는지 헤아립니다. 이 순간에 집중해야 한다고 애써 되뇔 필요는 없습니다. 그저 호흡의 자연스러운 속도를 따라 걸음 수를 세면 됩니다. 그러면 이내 흐르는 리듬에 발맞추어 걷게 됩니다. 한 걸음 한 걸음 걸을 때마다 나는 발뒤꿈치가 지면에 닿는 감각, 발가락이 벌어지면서 땅바닥을 밀어내는 감각, 그러면서 다리가 쭉 펴지고 복부 근육이 탄탄하게 긴장되는 감각을 느낍니다. 몸과 마음이 하나가 됩니다. 무의식적으로 걸음이 느려지고, 나는 노란색과 갈색 나뭇잎이 흩뿌려진 길을 소리 없이 걷습니다. 이제 걸음 수 세던 것을 멈추고 숨을 들이마실 때마다 한 걸음, 내쉴 때마다 한 걸음을 걷습니다. 나의 존재감은 갈수록 더 또렷해지고, 몸은 점점 가벼워집니다. 상념이 잦아든 덕분인지 걸음걸음마다 자연이 선명한 빛깔로 다가옵니다. 마지막으로 만트라가 내 몸과 마음에 이렇게 속삭입니다.

"숨을 들이마신다. 온몸이 고요하게 존재한다. 숨을 내쉰다. 온몸이 고요하게 존재한다."

걷던 길이 끝자락에 다다르자 담장 중간에 놓인 계단이 나를 돌담 너머로 데려다줍니다.

그 너머에는 넓은 자갈길이 펼쳐집니다. 나는 가만히 서서 주위를 둘러봅니다. 조금 떨어진 들판에는 말 네 마리가 마치 평행 주차된 자동차처럼 미동도 없이 나란히 멈추어 서 있습니다. 그보다 더 멀리 떨어진 곳에는 오후의 햇살 아래에서 깊이감을 잃어버린 소나무

숲이 병풍처럼 둘러져 있습니다. 소나무들은 꼭 누가 제자리에 맞추어 세워 둔 것처럼 하늘을 배경으로 평평하게 늘어서 있습니다.

이제 걱정거리가 전부 사라졌습니다.

종이에 연필로 쓴 자국을 지우개로 조심스럽게 문질러 지운 것처럼, 숲길의 젖은 나뭇잎 위 발자국이 사라지는 것처럼 모든 불안이 나를 떠나갔습니다.

나무

주방 창문으로 밖을 내다봅니다. 늘 보던 나무가 어김없이 눈에 들어옵니다. 앙상한 나뭇가지에는 군데군데 노란색 꽃이 피어 있습니다. 같은 단풍나무지만 다른 계절에 보니 또 새로워진 모습입니다. 나무를 바라보는 지금은 계속해서 밀려드는 자극, 시시각각 변하는 기분, 꼬리에 꼬리를 무는 생각의 흐름에서 벗어나 잠시 휴식하는 시간입니다.

빌딩 숲에 둘러싸인 한 조각의 자연이든 사람의 손길이 닿지 않은 날것 그대로의 자연이든 간에 자연은

신경이 과도하게 활성화된 현대인을 바로 지금, 여기에서 치유합니다. 직접적으로 자연을 접하기 어려울 때는 이른바 시각화라는 명상법을 활용해 머릿속으로 자연 풍경을 그림 그리듯 상상하기만 해도 긴장되고 스트레스를 받는 상황에 효과적으로 대처할 수 있습니다.

먼저 심호흡을 두어 번 하여 몸의 긴장을 풀고 마음을 평온하게 가라앉힙니다. 그런 다음 자연스러운 호흡의 흐름에 가볍게 주의를 집중해 보세요.

탁 트인 풍경을 머릿속에 그려 봅니다. 이전에 가 본 곳이어도 좋습니다. 여러분이 좋아하는 장소면 됩니다. 발밑의 땅을 바라보십시오. 그곳의 색깔은 어떤가요? 익숙한 향기를 맡아 보십시오. 시간을 충분히 들여서 천천히 시행합니다.

하늘을 올려다보고 있다고 상상해 보세요. 하늘은 무슨 색인가요?

바람 한 점 불지 않는 잔잔한 날씨인가요? 아니면 구름이 바람에 밀려 떠다니고 있나요?

이번에는 풍경 속에 홀로 서 있는 나무 한 그루를 떠올려 봅니다.
잠시 눈을 감고 그 나무를 선명하게 바라보십시오. 마음속 시선으로 나무의 뿌리부터 줄기, 뻗어 나가는 가지, 나무 꼭대기에 이르기까지 나무를 쭉 따라갑니다. 굵은 가지와 잔가지, 가지에 잎이 달렸는지 아닌지, 잎이 있다면 무슨 색인지 등 세세한 부분까지 상상합니다.

이제 나무 전체를 볼 수 있게 되었으니, 뿌리가 땅속 깊숙이 뻗어 나가는 모습을 그려 보십시오. 뿌리가 나무를 단단히 붙들어 안정적으로 서 있게 하는 모습을요.

이번에는 자신이 나무가 된 듯, 두 발이 땅바닥에

단단히 뿌리내리는 것을 느껴 봅니다. 마치 자신의 발에서도 뿌리가 자라나 흙으로 파고드는 느낌입니다.

시선을 옮겨 나무 아래에 서서 나뭇가지를 올려다 봅니다. 가지들이 바람에 날려 하늘하늘 흔들리는 모습을 관찰하세요. 우리 몸이 바닥을 굳게 딛고 서 있으면서도 긴장을 풀고 이완할 수 있듯이 단단히 뿌리박힌 나무의 가지도 가볍게 흔들립니다. 땅과 하늘을 잇는 수직선을 그려 보십시오. 수직선은 아래로는 땅에 안정적으로 뿌리를 내려 탄탄히 고정된 한편 위로는 쭉 뻗어 올라가고 있습니다.

계절에 따라 변화하는 나무의 모습을 바라봅니다. 빛깔이 변하고, 나뭇잎은 시들어 땅에 떨어집니다. 그러고 나면 연둣빛 이파리가 새로이 돋아 다시 자라나지요. 이는 마치 우리가 짊어지고 있던 무언가가 삶에서 떠나가고, 그 자리에 새로운 무언가가 찾아오는 모습과 같습니다.

날씨에 따라 변화하는 나무의 모습을 바라보십시오. 차고 매서운 바람이 불어와 나무를 잡아당기면 가지는 속절없이 흔들립니다. 그러나 아무리 거센 바람이 불어도 흙을 단단히 움켜쥐고 있는 뿌리 덕분에 나무는 굳건히 서서 자리를 지킵니다. 바람이 잦아들고 공기가 따뜻해집니다. 모든 것은 변합니다. 그리고 어쩌면 여러분도 이와 비슷하게 삶의 변화를 겪는 과정에서 변화가 자연스러운 일임을 깨달을 테지요.

자신의 몸을 바라볼 때 나무의 모습을 떠올려 보십시오.

우리의 호흡은 여전히 안정적인 존재감을 느끼게 해 줍니다.

땅에 뿌리 내린 듯 안정된 감각을 유지한 채 잠시 그대로 가만히 머무르세요.

이제 여러분도 일상에서 나무를 관찰해 보면 어떨까요? 속도를 늦추고 주위를 둘러보면서 나무에 주목해 보십시오. 이를테면 공원을 한 바퀴 돌면서 나무는 우리를 위해 산소를 내뿜고, 우리는 나무를 위해 이산화탄소를 내뱉는다는 사실을 떠올려 봐도 좋을 것입니다.

날마다 명상

3

보이지 않는
열쇠

나는 명상하는 법을 10대 시절에 배웠습니다. 그때의 나는 걸핏하면 불안감과 초조함에 시달렸고, 침착함을 유지하거나 가만히 앉아 사색하는 데 무척이나 서툴렀습니다. 가끔은 속으로 이런 의문이 들었습니다.

'원래 이런 걸까?'

나는 특별히 내 흥미를 끄는 무언가가 아닌 이상 집중력을 그리 오래 유지하지 못했습니다. 때로는 열정을 활활 타오르게 하는 대상을 발견하고 거기에 꽤 오랫동안 몰두할 때도 있었습니다. 그러나 대부분은 도무지 집중하지 못해서 학교 수업 때 선생님이 방금 책에서 읽은 내용에 관해 질문하면 진땀을 빼곤 했지요. 대개 집중력을 잃고 머릿속이 백지장처럼 하얘지기 일쑤였습니다. 책을 읽을 때도 방금 읽은 내용조차 잊어버리는 바람에 같은 문장을 읽고 또 읽어야만 하는 어려움을 여러분도 공감할지 모르겠습니다. 달리 말해, 10대 시절의 내가 만약 올림픽 명상 부문에 참가했다면 사람들은 절대 내가 우승한다는 데 돈을 걸지 않았을 것입니다.

나는 우연한 계기로 불교를 접하고 명상법을 배웠습니다. 그리고 배우는 과정에서 그 자체로 특별히 대단하지는 않았으나 명상의 마법 같은 힘을 엿볼 수 있었던 몇 가지 경험이 10대 시절의 나에게 결정적인 영향을 주었습니다. 그때 이후로 나는 내 목에 보이지 않는 열쇠가 걸려 있는 것처럼 느껴집니다. 마음만 먹으면 언제든 이 열쇠로 문을 열고 일상의 스트레스를 초월하는 공간으로 들어갈 수 있다는 생각에 든든하지요.

나는 종종 어딘가에 매몰되어 나 자신을 잃고 길을 잃어버립니다. 일에 치여서 그럴 때도 있지만, 사회생활에 얽매이는 바람에 미처 예상치 못했던 일들을 어쩔수 없이 처리해야만 하는 상황에 놓이기도 하지요. 그러나 어떤 상황이라도 손만 뻗으면 명상이라는 보이지 않는 열쇠를 잡을 수 있습니다. 여러 해에 걸쳐 꾸준히 수행한 끝에 내 명상은 순수한 힘이 더해져 한층 깊어졌고, 여전히 자물쇠에 꼭 들어맞는 명상이라는 열쇠는 내가 이제껏 들어가 본 방 가운데 가장 아름다운 방으로 나를 안내합니다.

명상은 해방감을 선사하며, 내면의 자아, 우리와 외부 세계의 관계를 더 잘 이해하기 위해 활용할 수 있는 간단하고 수월한 수행법입니다. 명상은 광범위한 개념으로 사람이 본래 타고난 선한 자질을 기르는 것, 지속적인 가치가 없는 일에 지나치게 집착하지 않는 것, 짊어지고 있던 마음의 짐을 내려놓고 평정심을 되찾는 것을 전부 포괄합니다. 우리는 자기 내면 중심에 가까이 다가설 때 어떤 관계를 회복해야 하는지 아닌지 분명히 깨달을 수 있으며, 지금의 삶을 더욱 소중히 여기고, 주변 사람을 더 잘 이해하고, 그들과의 친밀감도 높일 수 있습니다.

티베트에서 유명한 명상의 대가인 두좀 린포체 Dudjom Rinpoche는 내가 느끼는 명상 상태를 이렇게 설명합니다.

"어떤 사람이 밭에서 종일 힘들게 일하고 집으로 돌아와 자기가 제일 좋아하는 안락의자에 앉아 따뜻한 난롯불을 쬐고 있다고 생각해 봅시다. 그는 오늘 일을 문제없이 잘 해냈으며, 달리 걱정거리도 없습니다. 그렇다면 이 사람은 무언가 행동에 나서는 대신 그저 존재하는 상태에 머무름으로써 자신에게 달콤한 휴식을 선물할 수 있습니다."

아무것도 수행하지 않고 단순히 존재의 상태에 머무르는 것은 어린 시절의 나처럼 깊은 고요를 한 번도 경험해 보지 못한 이들에게 진정한 축복입니다.

그것은 마치 불안하게 깐빡이던 촛불이 안정적으로 타오르는 느낌입니다. 명상은 주변 공기를 차분하게 가라앉힙니다. 그러면 의식의 불꽃이 일어나 선명하게 타오르지요.

이처럼 정신이 안정을 찾아 또렷해지면 생각의 흐름이 느려지고 자극과 반응 사이에 틈이 벌어집니다. 그러한 빈틈이 생기면 회복의 기회가 열리며, 평소라면 감당하기 버거웠을 생각과 감정의 틈바구니에서도 깊은 휴식을 이끌어 낼 수 있습니다. 또 몸의 이완 상태가 공명을 일으켜 마음도 이완시키고, 몸과 마음 사이에 상호작용이 일어나면 무언가 아름다운 일이 펼쳐집니다. 바로 명상이 우리의 몸과 일상에서 형태를 갖추어 나타나기 시작하는 것이지요. 이번 3부가 여러분이 그리로 나아가는 과정에 도움이 되기를 바랍니다.

체크인
명상

사람에 따라 누군가는 명상을 시작하자마자 곧바로 편안함을 느끼지만, 또 누군가는 오히려 안절부절못하고 상당히 불안해합니다. 따라서 명상을 하려면 이 부분을 이해하고 고려하는 것이 중요합니다.

여러분이 그동안 이 책을 읽으면서 여기서 소개한 명상법을 실행에 옮겼다면 마음은 몸과 달리 가만히 두기가 쉽지 않다는 사실을 눈치챘을 것입니다. 마음은 짧은 시간 내에도 여러 형태로 변할 수 있습니다. 불안했다가, 들떴다가, 침울했다가, 상상에 잠기거나 혼란에 빠지기도 하지요. 무엇보다 마음은 통제를 벗어나서

날뛸 때가 많습니다. 이러한 맥락에서 보면 마음을 고요하게 가라앉히는 일은 야생마를 길들이거나, 한시도 가만히 있지 못하는 원숭이를 자리에 앉히거나, 술 취한 코끼리를 정신 차리게 하는 것과 비슷합니다.

우리 마음이 이처럼 종잡을 수 없다는 사실을 깨닫는 것 역시 앞으로 한 걸음 발전해 나아가는 과정입니다. 명상을 시도하는 초반에는 집중이 쉽게 깨질 수 있다는 점을 염두에 두십시오.

어떤 방식으로든 현재에 집중하는 연습을 하는 동안 단 한 번도 고요에 다다르지 못한다면 앞으로도 고요가 무엇인지 영영 깨닫지 못한 채 살아가야 할지도 모릅니다. 현재에 속하지 않은 것은 보통 유용하지도 않을뿐더러 불필요하게 마음의 공간만 차지하는 경향이 있습니다.

이를 체감하고 싶다면 복잡할 것 없이 마음이 현재에 머무를 때와 과거와 미래를 정처 없이 떠돌 때 각각 어떠한지를 비교해 보면 됩니다.

'체크인 명상'은 촉각을 활용한 명상 훈련법으로 우리 마음이 어떻게 작동하고, 생각이 주로 어디에 머무르며, 그것이 우리에게 어떤 영향을 미치고, 어떻게 해야 마음을 제자리로 돌려놓을 수 있는지를 열린 마음으로 배우는 과정입니다.

우리는 종종 미래로 시간 여행을 합니다. 계획을 짜고, 무언가를 준비하고, 일이 일어나기 전에 상상 속에서 미리 경험해 보고, 미래에 있을 일을 기대하고, 또 걱정하지요.

그런가 하면 때로는 과거로 돌아가기도 합니다. 아름다운 추억을 회상하고, 지나간 사건을 재해석하고 정당화하며, 우리가 겪은 일에 감사하고, 시간의 흐름을 애석해하지요.

의외로 미래나 과거보다는 오히려 우리가 지금 실제로 겪고 있는 현재의 순간을 붙잡기가 더 어렵습니다.

자리에 앉거나 누우십시오. 그런 다음 손바닥을 다리에 기대어 편안하게 올려놓습니다. 자연스럽게 호흡하면서 호흡에 가볍게 주의를 기울이고, 호흡 주기에 맞추어 일어나는 미세한 움직임 하나하나를 따라가 보세요. 예를 들면 숨을 들이마시고 내쉴 때마다 배가 어떻게 움직이는지 느껴 보는 것입니다.

이때 마음이 이미 지나간 일을 곱씹거나 과거에 일어난 특정 사건, 재미있었던 기억을 떠올리는 등 과거에 관한 생각으로 달아나는 것이 느껴지면 손가락 끝으로 '왼쪽' 다리를 가볍게 두드립니다. 이렇게 하면 다시금 호흡에 집중할 수 있습니다.

반대로 아직 일어나지 않은 일을 생각하거나 걱정에 빠지고 불길한 상상, 공상에 잠기는 등 마음이 미래에서 방황하는 것을 감지하면 손가락 끝으로 '오른쪽' 다리를 톡톡 두드립니다. 그러면 다시 현재에 의식을 집중할 수 있습니다.

한편 과거나 미래와 관련이 없는 생각이 떠올라서 집중을 방해하면 조용히 '생각'이라고 속삭여서 이리 튀고 저리 튀는 생각을 가라앉힙니다.

이렇게 다리를 두드려서 정신을 일깨울 때마다 우리는 다시금 호흡에 집중할 수 있으며, 우리 마음이 현시점에 머무르지 않을 때 주로 어디로 향하는지를 알 수 있습니다.

명상 초반에 다리를 자주 두드리게 된다고 해서 낙담하거나 놀라지 마십시오.
자신을 상냥하게 대해 주십시오. 우리는 그저 연습하고 있을 뿐이니까요.

어딘가
다른 곳

나와 한창 대화를 나누던 딸이 갑자기 훈계하듯 소리 칩니다.

"아빠는 지금 내 말을 안 듣고 있어요! 정신을 어디 딴 데 팔고 있잖아요."

어딘가 다른 곳. 그렇습니다. 아마 딸아이의 말이 맞을 것입니다. 그렇지만 다른 곳이라면 대체 어디일까요?

우리는 종종 현시점에 주변에서 실제로 벌어지는

일과는 전혀 관계없는 다른 생각에 빠집니다. 앞서 소개한 체크인 명상을 해 보면 알겠지만, 우리는 머릿속에서 생각의 바다를 여행할 때가 많습니다. 애써 집중하려고 해도 마음속은 사소한 것과 중요한 것이 이리저리 뒤섞여 온갖 방향으로 휩쓸리기 일쑤입니다.

불교 경전인 《법구경》에 따르면 부처는 천 년 전, 제자 상가라키타Sangharakkhita에게 이렇게 말했습니다.

"마음은 정처 없이 방황하며 아직 일어나지 않은 일을 생각하기도 한다. 그럴 때는 현재에 집중하고 탐욕과 증오와 적개심에서 벗어나려고 노력하는 것이 제일이다."

현대에 와서 하버드 대학교의 심리학자들은 "인간의 마음은 방황하기 마련이며, 방황하는 마음은 불행한 마음이다."라는 결론을 내렸습니다. 해당 연구에서 연구진은 18세에서 88세까지의 참가자 2,250명을 대상으로 하루 중 무작위로 선정된 시간에 몇 가지 질문을 던졌습니다.

참가자들이 받은 질문은 그 순간에 무엇을 하고 있었는지, 해당 시점에 수행하던 일에 관해 생각하고 있었는지, 아니면 다른 즐거운 일이나 불쾌한 일 혹은 중립적인 일에 관해 생각하고 있었는지였습니다.

조사 결과 참가자의 46.9퍼센트가 깨어 있는 동안 자기가 실제로 수행하고 있는 일에 집중하지 못하고 다른 생각에 빠져 있었던 것으로 드러났습니다. 쇼핑, 텔레비전 시청, 식사, 산책 등 대부분 활동에서 이와 같은 결과가 나왔습니다. 연구진은 여타 설문 문항에 대한 답변과 질문 시점에 따른 차이를 고려하여 분석한 결과 참가자들이 현재에 집중하지 못하는 순간에 덜 행복했다는 사실을 밝혀냈습니다. 이처럼 우리 마음이 현재에서 벗어나 있는 시간의 양은 우리가 실제로 무엇을 하느냐보다 행복도에 더 큰 영향을 미치는 요인이며, '어딘가 다른 곳'에 쏠린 생각의 분량은 우리의 정신건강을 지배합니다. 연구진은 이러한 연구 결과가 여러 철학 전통에서 오래전부터 가르쳐 온 내용과 일치한다고 언급했습니다. 바로, 방황하는 마음은 불행한 마음이라는 것이지요.

나는 이 이야기를 처음 들었던 순간을 기억합니다.

모든 생각을
대체하는 주문

하나 이상의 단어를 속으로 혹은 소리 내어 되뇌는 만트라는 끊임없는 생각의 흐름을 대신하는 구절이자 고요에 머무르는 방법입니다. 만트라를 이루는 음절들은 정신을 산만하게 하는 잡념의 자리를 차지하여 마음을 지배하는 생각의 힘을 약화합니다. 만트라는 아름답고 역동적인 명상법입니다. 만트라의 단어들은 수행자를 막으로 감싸 보호하며 순식간에 고요의 길로 인도하지요. 만트라를 외우다 보면 단어와 단어 사이의 결속이 느슨해지고 음절과 음절 사이의 간격이 확장되면서 고요가 모습을 드러냅니다.

고요가 고개를 들면 마치 브레이크가 걸리거나 스위치가 꺼진 것처럼 활동이 멎고, 우리는 우리를 포근히 감싸는 짙은 침묵 속에 말없이 멈추어 섭니다. 생각이 쉴 새 없이 흐르던 마음에 마침내 고요가 완전히 들어앉습니다.

그저 고요를 음미하면서 고요 속에 머무르십시오. 만트라를 외울 때는 기계적으로 하지 말고 리듬과 음악에 대한 자신의 감각을 활용하여 만트라가 입에서 자연스럽게 흘러나오도록 합니다.

불교 세계에서 가장 널리 알려진 만트라 중 하나는 '옴 마니 밧메 훔Om mani padme hum'입니다. 불교에서는 이 만트라가 모든 인간에게 잠재된 자비심을 깨우고 키운다고 믿습니다. 최근 네팔을 방문했을 때 나는 많은 이들이 불교 건축물인 사리탑 부근에서 걷기 명상을 하며 이 생동감 넘치는 만트라를 중얼거리고, 말하고, 심지어 외치기까지 하는 모습을 보았습니다. 이 만트라는 발음이 적절히 구성된 여섯 음절로 이루어져 있으며, 비록 만트라 자체에는 이렇다 할 뚜렷한 의미가 없으나 만트라에서 리듬을 찾아내어 이를 표현하는 것은 명상에서 매우 핵심적인 기반이 될 수 있습니다.

요가 수행자들에게 더 친숙하면서도 자비의 메시지를 분명히 전달하는 또 다른 만트라는 '로카 사마스타 수키노 바반투Lokah Samastah Sukhino Bhavantu'입니다. 이 산스크리트어 문구를 번역하면 '세상의 모든 존재가 행복하고 자유롭기를'이라는 뜻입니다.

두 손을 가슴 앞에 모으고 이 만트라를 되뇌며 그 의미를 찬찬히 곱씹어 보십시오. 이 선한 염원이 자기 자신, 곁에 있는 사람들, 더 나아가 세상의 모든 이들에게 향하게 하십시오.

만트라를 할 때 모국어로 하는 편을 선호한다면 울림이 잘 느껴지는 다음 만트라를 사용해도 좋습니다.

먼저 숨을 들이마실 때는 마음속으로 '들숨'이라고

말합니다. 숨을 내쉴 때는 속으로 '날숨'이라고 말합니다. 또 숨을 내쉬고 나서 다음 숨을 들이마시기 전에는 속으로 '고요'라고 되뇌십시오.

역경을 벗 삼기

내게 명상을 배우는 수강생들에게 명상할 때 가장 어려운 부분이 무엇이냐고 물으면 사람들은 보통 안절부절못하는 초조한 감각, 여러 갈래로 제멋대로 뻗어 나가는 생각들, 끝도 없이 땅굴을 파고 내려가는 부정적인 감정들 때문에 괴롭다고 이야기합니다. 나 역시 이러한 어려움을 모르지 않습니다. 또 요즘처럼 외부 세계와 강력하게 연결된 세상에서 고요에 다다르기가 쉽지 않다는 사실을 구태여 부정할 이유도 없습니다.

바라건대 지금쯤이면 여러분이 명상을 계속해 볼

만한 가치가 있겠다고 생각할 만큼 명상과 관련된 좋은 경험이 충분히 쌓였을 것입니다. 그렇다면 우리가 실제로 명상하는 순간 혹은 인생의 여러 단계에서 역경을 맞닥뜨렸을 때 활용할 도구 또한 필요하겠지요.

열린 마음과 호기심을 품고 수용하는 태도로 임할 때 우리는 힘든 순간에 내면에서 일어나는 소용돌이를 더 수월하게 받아들일 수 있습니다. 수용의 효과는 단순히 개방적이고 유연한 시각을 제공하여 불안하게 흔들리는 마음을 차분하게 가라앉히는 데 도움을 주는 데서 그치지 않습니다.

명상은 명상 중에 자기가 선호하는 특정 감정 상태를 의도적으로 조성하거나 불쾌한 감정이 사라지기를 마냥 기대할 수는 없다는 점에서 수용의 태도를 수반하는 수행입니다. 명상할 때 수행자는 감정을 통제하거나, 수정하거나, 감정에 개입하는 대신 이를 있는 그대로 내버려둡니다.

수용하려는 자세를 갖추지 않고 명상하는 사람은 승리의 희망 한 점 없이 자신의 그림자에 주먹을 날리는 권투선수와 같습니다. 현명하게 명상하려면 모든 정신적 활동을 동일하게 취급해야 합니다. 어디에서 와서 어디로 사라지는지 모르는 하늘의 구름을 볼 때처럼요.

고요 속에서 명상할 때 우리는 생각과 심상 사이의 빈틈에 집중할 수도 있지만, 더욱 효과적으로 접근하려면 우리가 현재에 온전히 집중하는 것을 방해하는 장애물을 직시하는 것이 좋습니다.

예를 들어 스트레스나 불안을 유발하는 무언가가 떠오르면 그 내용이 무엇인가에 따라 생각에 이름을 붙임으로써 사고의 흐름을 끊는 것입니다. 이를테면 '일', '가족', '사소한 일' 등으로 부를 수 있겠지요. 이런 식으로 생각에 이름표를 붙이면 생각을 억지로 억누르는 대신 똑바로 바라보고 수용함으로써 오히려 부드럽게 밀어낼 수 있습니다. 그러면 불편한 생각이나 감정은 대부분 얼마 가지 않아 머릿속에서 사라집니다.

티베트의 요가 수행자 밀라레파^{Milarepa}의 일화를 통해 수용하는 자세와 수용을 가로막는 장애물을 직시하는 태도의 중요성을 알아보겠습니다. 그는 내면의 악마를 억지로 쫓아내는 대신 오히려 함께 차를 마시자며 그들을 초대함으로써 악마에게서 벗어났다고 합니다. 밀라레파는 티베트 문학에서 유명한 인물로, 한때 살인자였던 그가 깨달음을 얻은 수행자로 변모하는 여정은 티베트 문학사에서 가장 인기 있는 이야기 중 하나입니다. 그는 자신의 행위를 정면으로 마주함으로써 비로소 해방에 이를 수 있었습니다.

어느 날 밤, 밀라레파는 자기가 사는 동굴로 돌아가고 있었습니다. 마른 몸에 장작을 한 아름 끌어안은 채였지요. 안으로 들어서자 동굴에는 불청객, 즉 내면의 악마들이 와 있었습니다. 밀라레파가 잠시 자리를 비운 사이 악마들은 동굴이 자기 집인 양 들어와서 밀라레

피의 음식을 먹고, 책을 읽고, 심지어 침대에서 잠까지 잤습니다. 밀라레파는 이것이 단지 자기 머릿속에서 벌어지는 일임을 자각하고 있었지만(실제로는 자기 내면에서 가장 달갑지 않은 측면들과 맞닥뜨린 상태였습니다), 대체 어떻게 해야 이 악마들을 동굴에서 내보낼 수 있을지 몰라 막막했습니다. 처음에 그는 악마를 동굴 밖으로 하나하나 내쫓으려고 했습니다. 그러나 얼마 후 깨달음에 이른 밀라레파는 악마를 오히려 자비롭게 대해 주기로 합니다. 처음에 밀라레파가 악마를 내쫓으려 했을 때, 악마들은 그가 나가라고 하든 말든 콧방귀를 뀌며 그를 괴롭히는 데만 열을 올렸습니다. 인내심이 바닥난 밀라레파가 악마들에게 당장 나가라고 소리쳐 봐야 돌아오는 것은 경멸 섞인 비웃음뿐이었습니다.

그렇게 한참을 악마들과 씨름하던 밀라레파는 딱딱한 돌바닥에 앉더니, 악마들과 시선을 마주하며 차분하게 말했습니다.

"그쪽들이나 나나 이 동굴을 떠날 생각이 없으니, 아무래도 여기서 같이 사는 수밖에 없겠군요. 진심으로

환영합니다. 뭐든 함께 나눕시다."
 그 말을 마치기 무섭게 악마들은 연기처럼 사라졌습니다.

움직임 명상

약 10년 전 나는 아쉬탕가ashtanga 요가를 배웠습니다. 이때 나는 좀처럼 잠을 이루지 못했고, 스트레스에 절어 있었으며, 하루하루가 언제 끝날지 알 수 없는 기나긴 투쟁처럼 느껴졌습니다.

명상은 오랜 기간 여러 방면으로 내게 도움을 주었으나 당시 나는 몸이 뻣뻣하고 힘이 없어 움직이기가 힘들었으므로 운동이 필수였습니다. 잊을 만하면 찾아오는 신체 통증과 감각 상실도 문제였지만, 그 밑바닥에 깔린 정서적 고통도 만만치 않았습니다. 시에서 응급 치료와 재활 서비스를 아낌없이 지원해 주었으나 당시에는 이것도 효과가 미미했습니다.

외골수 기질이 있는 나는 인도와 네팔을 수없이 오가며 티베트 불교의 세세한 면면에 심취하면서도 정작 내가 요가의 본고장 한복판에 와 있다는 사실은 단 한 번도 눈치채지 못했습니다. 그 대신 나는 집에서 인터넷으로 빈자리가 몇 없는 내 일정표와 수업 시간이 들어맞으면서도 너무 멀지 않은 요가원을 검색하느라 바빴습니다.

검색하던 중 나는 내가 훗날 빠져들게 되는 요가 형식을 보여 주는 1980년대 초반의 동영상을 여럿 발견했습니다. 이 요가에는 내 마음을 곧바로 휘어잡는 매력이 있었습니다. 일단 체계가 정교하게 짜여 있어 내게 적합했고, 또 "숨을 들이마시고, 두 팔을 들어 올립니다. 숨을 내쉬고, 몸을 앞으로 구부리세요. … 숨을 들이마시면서 몸을 뒤로 젖힙니다." 등 아쉬탕가 요가의 명확하고 간결한 지시는 당시 쇠약해질 대로 쇠약해진 내 몸으로도 무리 없이 따라 할 수 있는 수준이었습니다.

얼마 후 나는 한 선생님이 아쉬탕가 요가의 긍정적인 면을 가리켜 '원시인 수련'이라고 표현하는 것을 들었습니다. 나는 그 말이 무슨 뜻인지 단번에 이해할 수 있었습니다. 그저 선생님이 "팔을 위로 들어 올리세요."라고 하면 팔을 들어 올렸고, 그러고 나면 휘청거리기는 해도 어찌어찌 몸을 앞으로 숙일 수도 있게 되는 단순한 수행법이었거든요.

강좌 초반에 수업을 두어 번 빠진 탓에 나는 곧바로 강도 높고 진도 빠른 수업에 던져지고 말았습니다. 다른 수강생들은 이미 익숙하다는 듯 거침없는 몸놀림을 자랑했고, 나는 어떻게든 수업을 따라가려고 최선을 다했습니다. 몸을 앞으로 구부리는 동작에서는 아무리 가만히 있으려 해도 다리가 사시나무처럼 부들부들 떨렸습니다. 호흡은 거칠어졌고 불과 몇 분 만에 땀이 비 오듯 쏟아져 요가 매트 위로 뚝뚝 떨어졌지요. 급기야 어디가 왼쪽이고 어디가 오른쪽인지조차 갑자기 헷갈리기 시작했고, 어떨 때는 어느 방향으로 돌아야 할지 몰라 헤매기도 했습니다. 이날의 수업은 내게 상당히 버거웠고, 나름대로 명상 좀 해 봤다고 자부하던 내 알량한 자존심에도 금이 갔습니다. 나는 이리 비틀 저리 비틀 하며 어정쩡하게 자세를 취했고, 그런 내 몸짓은 도저히 '매끄럽다' 혹은 '우아하다' 같은 말로는 표현할 수 없었습니다.

아쉬탕가 요가 첫 번째 시리즈 가운데 서서 하는 마지막 동작인 비라바드라사나virabadrasana는 다소 무성의한 번역이지만 '전사 자세 2'라고도 불립니다. 간단히 말해 이 동작은 한쪽 다리를 다른 쪽 다리와 90도 각도가 되게 하고, 발끝은 요가 매트의 앞쪽 가장자리를 향하게 하는 것입니다. 다른 쪽 다리는 발끝을 정면으로 향하게 한 채 쭉 뻗고 상체는 중앙에서 단단히 균형을 유지합니다. 두 팔은 바닥과 정확히 수평을 이루도록 양옆으로 완전히 뻗고, 고개는 무릎을 구부린 쪽으로 돌려서 손끝을 바라봅니다. 이 자세를 올바르게 취하면 강인하고 우아해 보이며, 꼭 어떤 동작을 하다가 중간에 멈춘 듯한 인상을 줍니다.

비라바드라사나는 균형과 힘과 내면의 단단함을 드러내는 아름다운 자세입니다.

바로 그 순간, 내가 거의 포기하려던 찰나 나로서는 믿기 힘든 일이 벌어졌습니다. 마치 무언가가 하나로 합쳐진 듯 몸과 호흡이 완전히 동화된 것입니다. 발끝부터 시작해 다리를 거쳐 척추를 타고 상체에 이르기까지 어마어마한 존재감이 퍼져 나가 온몸을 가득 채웠습니다. 불현듯 머릿속에 평온함이 흘러들었습니다. 몸은 가벼워졌고, 그 순간 모든 것이 절대적인 평형 상태를 이루었지요. 고대 인도의 철학자 파탄잘리Patanjali는 500년 전 기록된 불멸의 요가 경전 《요가수트라Yoga-sūtra》에서 이러한 현상을 다음과 같이 설명했습니다.

"아사나, 즉 몸의 자세는 힘을 빼고 무한을 관조함으로써 완성된다. 그러면 우리는 삶의 이원성에 더는 흔들리지 않는다."

 그 후 요가에서 절대 빠지지 않는 마지막 단계인 누워서 쉬는 자세에서 눈을 떴을 때, 내 온몸에는 온전함의 감각이 남아 있었습니다. 여러 해 동안 어깨를 짓누르던 부담이 떠나가고 제각기 흩어져 있던 것들이 다시금 천천히 하나로 맞춰지는 듯한, 참으로 오랜만에 느껴 보는 감각이었습니다. 그간 부서져 있던 것이 그 순간에는 고쳐진 것 같았습니다.

 잠시 후 나는 중대한 결정을 내렸습니다. 일주일에 여섯 번씩 요가를 하는 새로운 삶의 방식을 도입하기로 한 것이지요. 일주일에 엿새씩 하기로 한 이유는 그것이 아쉬탕가 요가의 전통적인 수행 방식이기 때문이었습니다.

 10년이 넘게 흐른 지금도 나는 이때 한 다짐을 변함없이 지키고 있습니다. 이제 나는 몸의 움직임이 어떻게 고요로 이어지고, 움직임 속에서 고요가 어떻게 작동하는지 잘 알고 있습니다.

호흡과 움직임이 정밀하게 맞물리는 순간, 우리는 그 안에서 놀라운 무언가를 발견할 수 있습니다.

고통을 넘어서는
명상

 이 책을 쓰는 과정에서 나는 시야를 넓혀 명상이 개인적 차원에서 무엇이 될 수 있고 어떤 의미를 지닐 수 있는지 다양한 관점에서 알고 싶었습니다. 그래서 나는 스톡홀름 시내 드로트닝가탄에 있는 일 카페에서 친구 요세핀 벵츠손Josefine Bengtsson을 만나기로 했습니다. 때는 11월의 어느 날, 하늘이 잿빛 구름으로 뒤덮인 월요일 오후였습니다. 어둠이 짙어지고, 나는 테그네르룬덴 공원을 향해 언덕을 오르며 고개를 요리조리 기울여 스웨덴의 작가 아우구스트 스트린드베리August Strindberg의 글귀를 읽으려 안간힘을 씁니다. 아스팔트에 새겨진 글귀는 이러했습니다.

"사랑은 베푸는 것이다. 그러니 베풀어라!"

요세핀은 수년간 전 세계를 누비며 인기 요가 강좌를 열정적으로 이끌어 온 유명한 요가 강사입니다. 소진 증후군으로 지쳐 쓰러지기 직전인 수많은 젊은이가 요세핀의 수련회에 참가해 다양한 형태의 명상을 하고 장시간 묵언 수행을 합니다. 요세핀은 자신이 참가자들을 위한 안전지대를 만들기 위해 얼마나 노력을 기울이는지 진심을 담아 이야기합니다. 이 안전지대에서 참가자들은 미친 듯이 바쁘게 돌아가는 현대사회에서 잃어버린 내면의 무언가를 다시 찾을 기회를 얻습니다. 많은 이들이 과거 스톡홀름 경제대학에서 성실히 공부한 후 전략 컨설턴트로 막 일을 시작한 시절의 요세핀과 비슷한 증상을 겪고 있습니다.

"나는 내 몸 안에서 폐소공포증을 겪었어요. 말로는 운동하러 나간다고 했지만, 실은 뛰다가 몸이 완전히 지쳐 나가떨어져야만 내가 원하는 상태에 도달할 수 있어서 달렸지요. 그때가 유일하게 긴장을 풀고 편안해질 수 있는 순간이었거든요. 한참을 달리다가 멈춰 섰을 때, 나는 일상에서 더는 느낄 수 없었던 고요를 경험했어요."

요세핀은 자신이 운영하는 수련회와 유사한 프로그램에 관심을 보이는 사람들이 요즘 부쩍 늘었다고 이야기합니다. 갈수록 많은 이들, 지쳐 쓰러지기 일보 직전이지만 차마 멈추지는 못해 여전히 달리고 있는 사람들이 고요를 갈망하며 요세핀을 찾아옵니다. 요세핀은 사람들이 자신을 막 찾아왔을 때는 걱정과 불안에 휩싸여 거의 한계치에 다다를 만큼 과도하게 스트레스를 받은 상태라고 말합니다. 처음에 사람들은 외면에 지나치게 집중하는 경우가 많습니다. 외부에서 오는 스트레스를 관리하기 위해 상황을 통제하려는 습관이 있다 보니, 이를테면 음식의 성분을 비롯해 여타 사소한 외적인 부분을 커다란 문제처럼 느끼기도 하지요.

요세핀은 계속해서 말을 이어갑니다.

"우리는 통제하기를 좋아하지만, 통제력을 잃을 때야말로 살아 있다는 감각을 느끼는 순간입니다. 어쩌면 어릴 때 이후로 한 번도 해 본 적이 없을지도 모르겠지만, 마음을 내려놓으면 무언가 대단한 일이 벌어집니다. 바로 자신의 마음속, 자아의 본질로 들어가는 길을 발견하게 되지요. 보통 수련회가 시작되고 며칠이 지나면 참가자들은 여러 강렬한 감정이 솟구친 여파로 눈물을 흘립니다. 그것은 반드시 거쳐야 할 과정입니다. 왜냐하면 그렇게 펑펑 울고 난 후에야 자기애가 돌아오기 때문이지요. 많은 사람이 이를 가리켜 자기를 용서하는 과정이었다고 이야기합니다."

대화를 나누다 보니 문득 내가 요세핀과 친구이면서도 요세핀에 관해 아는 게 거의 없다는 생각이 듭니다. 우리는 만날 때마다 명상이라는 공통 관심사를 두고 열띤 목소리로 이야기를 나눕니다. 나는 요세핀의 이야기를 들으면서 나 자신을 발견하고 새로운 깨달음을 얻지요.

우리가 주문한 음료가 나옵니다. 김이 모락모락 나는 생강차를 앞에 둔 채 우리는 삶에서 불필요한 것을 덜어 내고 단순화하여 내면의 중심으로 가는 길을 찾는 법에 관해 이야기합니다. 요세핀은 내면의 중심을 가리켜 '본질'이라고 부르고, 나는 '가장 깊숙한 곳에 있는 고요' 같은 표현을 씁니다. 들으면 들을수록 사소한 차이는 있을지언정 우리가 같은 대상을 이야기하고 있음을 알게 됩니다. 그리고 내게 그러했던 것처럼 명상은 요세핀의 내면에 불편감을 일으키는 원인 또한 마법처럼 해소해 주었습니다.

"지금 돌이켜보면 젊었을 때 나는 어떤 고통에서 도망치려고 했어요. 특히 학교 수업이 없는 방학이면 그 고통이 너무나 선명해져서 두려웠지요. 그러다 여름방학이 끝나면 마음이 놓였어요. 다시 눈코 뜰 새 없이 바쁘게 지내면서 고통을 한쪽으로 치워 둘 수 있으니까요. 나는 혼자 있을 때도 끊임없이 무언가를 하면서 몸을 움직였어요. 체육관에 갈 때도 교과서를 챙겨 가서 운동과 공부를 동시에 했고요. 고통을 마주하고 싶지 않아서 달리고 또 달렸어요. 모든 사람이 고통을 무척 두려워하지만, 이제 나는 고통과 친구가 되었어요. 내 경험상 고통 너머에는 언제나 아름다운 무언가가 기다리고 있더라고요. 나는 항상 그렇게 느꼈어요. 고통을 피해 달아나기를 멈추고 아픔에 그대로 머무르니 순수한 존재감이 오롯이 남았지요. 그 지점에 도달하면 내가 만물과 연결되어 있다는 느낌이 들고, 다른 사람들과도 이어져 있다고 느껴요. 마치 거대한 무언가의 일부분이 된 기분이죠."

고요함에 이르는 길은 사람마다 다를 수 있지만, 그 길은 결국 같은 지점으로 이어집니다. 나는 어린 시절에 우연한 계기로 명상을 접했지만, 요세핀은 자신이 그동안 애써 일구어 온 전문직 경력을 완전히 내려놓고 새로운 길을 따르겠다는 불가피한 결단을 내려야 했지요. 주변 사람들이 요세핀의 선택을 매번 존중하고 받아들여 준 것은 아니었기에 요세핀은 적잖은 대가를 치러야 했습니다.

그런 선택을 하려면 큰 용기가 필요합니다. 명상 스승인 초감 트룽파Chögyam Trungpa가 기가 막히게 잘 표현한 것처럼요.

"나쁜 소식은 당신이 낙하산은커녕 붙잡을 것 하나 없이 허공으로 떨어지고 있다는 것이다. 좋은 소식은 떨어져 부딪힐 땅도 없다는 것이다."

자신과 타인을 친절하게 대하기

명상은 코르티솔 수치 감소, 걱정 감소, 불안 완화, 집중력 향상, 수면의 질 개선, 기억력 강화, 정서 조절 능력 향상 등 여러 긍정적인 효과가 있는 것으로 알려져 있습니다. 그러나 명상의 가장 아름다운 효과는 사람의 내면 가장 깊숙한 곳에 숨겨진 선한 본성을 불러일으키는 것입니다. 선한 본성을 일깨우는 것은 핵심적인 가치일 뿐 아니라 수많은 연구에서 사람을 가장 행복하게 해 주는 방법으로 밝혀졌습니다. 우리는 자비심 명상을 통해 삶에서 너무나 자주 표출되는 자기중심주의를 극복할 수 있습니다. 자기중심주의를 극복하면 우리의 시선은 다른 사람을 누르고 승리하려는 욕망에서, 또 자신의 부족함과 타인의 결점을 포용하지 못하도록 우리를 가로막는 질투에서 서서히 멀어집니다.

이것은 가장 기초적인 부분이자 궁극적인 목표이기도 합니다. 우리는 홀로 명상할 때, 혹은 일상생활에서 노력을 기울임으로써 사랑을 베푸는 자비로운 사람으로 거듭날 수 있습니다. 먼저 자신의 마음에 선의 씨앗을 심고, 주변을 향한 자비심을 가꾸어 자라나게 하는 것이지요. 프랑스의 철학자 시몬 베유Simone Weil는 이를 다음과 같이 아름답게 묘사했습니다.

"모든 인간의 내면 가장 깊은 곳에는 어린 시절부터 죽음에 이르기까지 우리가 겪고, 남에게 주고, 또 보고 들은 수많은 상처에도 불구하고 사람들에게 친절을 베풀고 더는 상처 주지 않기를 당연하다는 듯 요구하는 마음이 자리 잡고 있다. 이것이야말로 모든 인간에게 가장 신성한 가치다. 선은 신성함의 유일한 원천이다. 선, 그리고 선과 연관된 것 이외에 신성한 것은 아무것도 존재하지 않는다."

흔히들 착한 사람은 똑똑하지 못하다고 합니다. 그러나 상냥하고 선하고 남을 배려하는 태도가 단순히 정신건강을 개선하는 효과만 있는 것은 아닙니다. 흥미로운 여러 연구 결과에 따르면 친절을 베풀고 타인을 이해하려는 마음은 집단 내에서 심리적인 안정감을 형성하고, 이는 더 나은 성과로 이어진다고 합니다. 자기가 가진 아이디어와 지식을 기꺼이 공유하고, 남들에게서 자신의 성과를 지키는 데 집착하지 않는 사람은 그러지 않는 사람보다 더 큰 보상을 얻습니다. 남에게 아량을 베풀고 용기를 북돋아 주는 태도는 타인에게 설 자리와 영광을 내주는 것과 더불어 공동의 발전을 더욱 확실하게 보장하는 길입니다.

멀리 갈 것 없이 바로 여러분 주변에서 그 효과가 어떻게 나타나는지 확인해 보십시오. 주변의 가까운 사람이나 일상에서 우연히 마주친 사람에게 감사한 마음을 표현해 보는 겁니다. 낯선 사람이 뜻밖에 건네는 상냥한 말 한마디가 우리에게 어떤 영향을 미치는지는 누구나 익히 알고 있습니다. 모르는 사람이 베푼 조그마한 배려에도 우리는 얼마나 마음이 설레는지요. 그 순간 상대와 내가 하나 되어 느끼는 날아갈 듯한 기분과 소속감은 이루 말할 수 없습니다.

어쩌면 타인을 친절하게 대하는 능력은 자기 자신에게 친절과 사랑을 베풀 줄 아는 능력에서 비롯되는지도 모릅니다. 왜인지는 모르겠지만, 자기를 친절하게 대하고 사랑하는 것은 매번 그리 간단해 보이지만은 않습니다. 그래도 한번 시도해 봅시다. 다음의 연습으로 하루를 시작해도 좋을 것입니다.

거울 앞에 서서 자기 눈을 바라보며 이렇게 말해 보세요.

"나는 최선을 다하고 있다. 나는 충분히 잘하고 있고, 최고의 대우를 받을 자격이 있다. 나는 사랑하고 사랑받을 자격이 있는 사람이다."

처음에는 시험 삼아 두어 번 말해 보고, 이후로는 좀 더 자연스럽게 마음에서 우러나오게 하십시오. 진심을 담아 말하기가 어렵다면 눈을 감고 한 손을 가슴에 가볍게 얹은 채 소리 내어 말하도록 합니다. 이 말을 일단 자기 자신에게 진심으로 전하고 온전히 받아들일 수 있게 되면, 다른 사람들도 우리와 같이 기본적인 권리를 누릴 수 있게 되기를 기원하기가 쉬워집니다.

마지막 연습으로 오랜 세월 동안 내 곁을 지켜 준 명상법을 여러분과 나누고자 합니다. 이 명상법은 오래전 내가 네팔을 처음 방문했을 때 배운 것입니다.

이 명상에서는 부정적인 생각과 감정의 도미노가 줄줄이 쓰러지는 것을 막고, 어두운 자아상을 밝은 자아상으로 대체합니다. 내가 과거에 저지른 실수, 마음에 깊게 새겨져서 나를 옭아매던 문제들을 하나하나 놓아주십시오. 마음의 짐을 내려놓고, 그 자리에 자신감을 채워 넣고, 궁극적으로는 자기 자신과 화해하십시오.

앉거나 누운 자세로 몸의 긴장부터 푼 뒤 호흡에 집중하고, 가만히 집중하면서 머릿속에서 일어나는 생각의 소음을 배경으로 밀어내는 등 지금까지 이 책에서 배운 내용을 활용해 보세요.

명상의 목적을 명확하게 설정하십시오. 명상은 단지 자신을 위한 수행이 아니라 주변의 모든 사람에게 친절을 베푸는 행위임을 기억해야 합니다.

갈수록 호흡에 더욱 세밀하게 초점을 맞추어 집중하십시오. 숨을 내쉴 때마다 나를 짓누르는 모든 것, 원치 않는 짐처럼 느껴지는 모든 것이 시커먼 연기의 형태로 몸에서 떠나가는 모습을 머릿속으로 그려 봅니다. 검은 연기가 방 밖으로 빠져나가 흩어질 때까지 쭉 따라가세요. 그런 다음 검은 연기가 완전히 빠져나가서 한층 가뿐해진 몸의 감각을 느껴 봅니다.

이 과정이 자연스럽게 이루어질 때까지 얼마간 고요 속에서 이를 반복합니다. 스트레스, 강렬한 감정, 고민, 온갖 걱정과 불안이 날아가는 것을 체험해 보세요.

그런 다음 코로 숨을 들이마시면서 좋은 것과 우리가 바라고 원하는 것 등 새로운 무언가가 새하얀 빛의 형태로 몸속에 들어온다고 상상합니다. 그 빛은 온몸

구석구석으로 퍼져 세포를 가득 메우고 우리 몸을 가볍고 편안하게 해 줍니다.

계속해서 고요한 가운데 숨을 내쉴 때 내면의 무거운 짐이 우리 몸에서 떠나가고, 숨을 들이마실 때 가뿐함이 몸속으로 스며들어 우리에게 자유를 선사하는 감각을 느껴 보십시오. 명상을 마칠 때는 두 손을 다시 가슴 앞에 모으고 양손의 손가락 피부를 부드럽게 만지며 주변의 모든 사람이 삶에서 행복과 사랑과 고요를 누리기를 기원하도록 합니다.

쉽고도
어려운 것

몇 년 전 나는 바르셀로나의 한 건물 옥상에서 명상 수업을 진행했고, 수업을 마친 뒤 참석자들에게 명상 시간이 어땠느냐고 물었습니다. 이글이글 내리쬐는 햇빛 사이로 오후의 산들바람이 불어와 우리의 땀을 식혀 주었고, 한 여성은 명상하는 동안 부드러운 바람이 자신의 머리카락을 어루만지는 감각에 온전히 집중했다고 답했습니다. 이처럼 여러분이 고요를 찾아 나가는 여정도 아름다운 경험이 되게 하십시오. 어디를 가든 그곳에서 고요를 발견하십시오. 고요는 삶에서 우리에게 주어진 모든 순간에 숨어 있습니다.

명상은 단순하면서도 어렵습니다. 그러니 늘 겸허한 태도로 자신을 대하십시오. 자기가 모든 것을 알고 모든 것을 깨달았다고 주장하며 이래라저래라 하는 사람들은 어딜 가나 늘 있기 마련입니다. 그러니 그 사람들은 그냥 내버려두고 수행에 집중하십시오. 다른 누구도 아닌 자기 자신의 경험에 초점을 맞추는 것입니다. 그것이야말로 여러분에게 남는 것이며, 진정한 변화를 만들어 내는 원동력입니다.

이 책의 서문에서 나는 내가 매일 하는 명상이 거의 강렬하다고 할 만큼 대단히 고요한 순간이라고 이야기했습니다. "그날의 기분이나 상황과 관계없이 끝없이 펼쳐지는 행복"이라고 말입니다.

그렇습니다. 지금까지 명상 외에 다른 어떤 것도 내게 이런 식으로 불안하고 초조한 마음을 다스리는 법을 가르쳐 주고, 내 앞길을 밝혀 주고, 내 통제 범위를 벗어난 일이 일어나도 평정심을 유지하는 법을 가르쳐 주지는 못했습니다. 명상은 무^{無}를 향해 나아가는 길이며, 무는 내적 자아를 무언가로 가득 채웁니다. 그 무언가는 모든 것에 의미를 부여해 주지요.

마지막으로, 여러분이 이 책을 덮고 우리가 각자의 길로 나아가기 전에 잠시 고요 속에 머물러 보겠습니다.
가슴에 감사하는 마음을 품으십시오. 자기 자신에게도, 다른 사람들에게도요.
또 우리에게 주어진 삶에도 감사하도록 합니다.

고요한 한 지점을 찾아 머무르십시오. 설령 여러분 주변의 세상이 여전히 소란스럽더라도요.

참고문헌

서문

Pascal, Blaise (2006), *Pensées* [Thoughts], Ökade insatser mot psykisk ohälsa på grund av jobbet' [Increased efforts against poor mental health due to work], Swedish Work Environment Authority, 19/02/2019, https://www.av.se/press/okade-insatser-mot-psykiskohalsa-pa-grund-av-jobbet/

고요는 전부이자 아무것도 아니다

Dagerman, Stig (1947), *Nattens lekar* [The Games of Night], Norstedts förlag

우리가 추구하는 고요

Gansten, Martin; Broo, Måns (2005), *De tidiga upanisaderna* [The Early Upanishads], Bokförlaget Nya Doxa

Björling, Gunnar (1957), *Du jord du dag: Urval lyrik* [You Earth, You Day: Selected Poems], Wahlström & Widstrand

아무것도 하지 않는 달콤함

Seneca, (2013), *Om livets korthet* [On the Shortness of Life], Bokförlaget Daidalos

일상 속 마음챙김

Sifferlin, Alexandra (2015), 'Washing Dishes Is a Really Great Stress Reliever, Science Says', http://time.com/4056280/washing-dishes-stress-relief-mindfulness/, 30/09/2015

숨 쉴 틈

LaMotte, Sandee (2017), 'Hillary Clinton uses alternate-nostril breathing. Should you?', https://edition.cnn.com/2017/09/14/health/hillary-clinton-alternate-nostril-breathing/index.html

마음의 파도를 의연하게 받아들이기

Merton, Thomas (2012), *The Inner Experience: Notes on Contemplation*, HarperCollins

Konnikova, Maria (2014), 'The Lost Art of the Unsent Angry Letter', *The New York Times*, 22/03/2014

일상생활의 변화

Center for Humane Technology, App Ratings, http://humanetech.com

Burkus, David (2014), 'The Creative Benefits of Boredom', Harvard *Business Review*, 09/09/2014

귀 기울여 듣기

Chozen Bays, Jan (2011), *How to Train a Wild Elephant: And Other Adventures in Mindfulness*, Shambala

나무를 감상하다 보면

Lagerkvist, Elin (1963), *Zen: en Zenbuddhistisk antologi* [Zen: a Zen Buddhist Anthology], Natur och Kultur

Cowper Powys, John (1930), *The Meaning of Culture*, London: Jonathan Cape

'Green spaces deliver lasting mental health benefits' (2014), Science Daily, http://www.exeter.ac.uk/news/featurednews/title_349054_en.html, 07/01/2014

Popkin, Gabriel (2017), 'Nature videos help to calm inmates in solitary confinement', *Nature*, 01/09/2017

Kardan, Omid; Gozdyra, Peter; et al. (2015), 'Neighborhood greenspace and health in a large urban center', *Scientific Reports 5* Article number 11610

기준점, 변하지 않는 무언가

Singh, Anita, 'Voice of the shipping forecast returns to lull listeners to sleep - but not on the BBC', *The Telegraph*, 29/03/2017

'Sjörapporten - därför behöver vi den' [The Shipping Forecast - Why We Need It], Vetenskapsradion, Sveriges Radio, https://sverigesradio.se/sida/artikel.aspx?programid=406&artikel=6967820, 08/06/2018

놓아주기

Ekström, Hjalmar (2007), *Utblottelse: ett urval betraktelser ur Det fördolda lifvet av Hjalmar Ekström och andra kristna mystiker* [Missing out: a selection of considerations from The Hidden Life of Hjalmar Ekström and other Christian mystics], Eolit Förlag

고요를 향하여

Matthiessen, Peter (1978), *The Snow Leopard*, Viking Press

Dahl, Roald (1977), *The Wonderful Story of Henry Sugar and Six More*, Random House

고요를 누리는 시간

Stafford, William (1999), *The Way It Is: New and Selected Poems*, Graywolf Press

가장 완전한 침묵

Picard, Max (1988), *The World of Silence*, Gateway Editions
Björling, Gunnar (1995), *Skrifter I-V* [Writings I-V], Erikssons förlag
Lubow, Arthur (2010), 'The Sound of Spirit', *The New York Times*, 15/10/2010

보이지 않는 열쇠

'Dudjom Rinpoche about Meditation 1979', https://www.youtube.com/watch?v=qbJ7u_nJb54
Bakewell, Sarah (2010), 'Montaigne, philosopher of life, part 4: Borrowing the cat's point of view', *The Guardian*, 31/05/2010

어딘가 다른 곳

Bradt, Steve (2010), 'Wandering mind not a happy mind', The Harvard Gazette, https://news.harvard.edu/gazette/story/2010/11/wandering-mind-not-a-happy-mind/, 11/11/2010

움직임 명상

Satchidananda, Swami (2012), *The Yoga Sutras of Patanjali*, Integral Yoga Publications

자신과 타인을 친절하게 대하기

Weil, Simone (1961), *La personne et le sacré* [The Person and the Holy], Bonnier